AI 스포츠 미디어

인공지능총서

인공지능 시대입니다. 기계가 인간의 인지를 대신하고, 사물이 인간을 통하지 않고 다른 사물과 직접 커뮤니케이션합니다. 이에 따른 인간 삶과 문명 변화를 정확히 이해·예측·대응하는 것은 이 시대 우리 모두의 과제입니다. 인공지능총서는 인공지능 기술과 환경의 여러 주제를 10가지 키워드로 정리합니다. 관련 개념과 이론, 학계와 산업계의 쟁점, 우리 일상의 변화를 다룹니다. 인간과 기술의 현재, 미래를 세심히 분석합니다.

일러두기

- 인명, 작품명, 저서명, 개념어 등은 한글과 함께 괄호 안에 해당 국가의 원어를 병기했습니다.
- 외래어 표기는 현행 어문규정의 외래어표기법을 따랐습니다. 다만 '딥러닝', '솔루션' 등 일부 표기는 관행을 따랐습니다.

AI 스포츠 미디어

석원

대한민국, 서울, 커뮤니케이션북스, 2025

AI 스포츠 미디어

지은이 석원
펴낸이 박영률

초판 1쇄 펴낸날 2025년 2월 28일

커뮤니케이션북스(주)
출판 등록 2007년 8월 17일 제313-2007-000166호
02880 서울시 성북구 성북로 5-11
전화(02) 7474 001, 팩스(02) 736 5047
commbooks@commbooks.com
www.commbooks.com

ISBN 979-11-7307-697-8 03500

책값은 뒤표지에 표시되어 있습니다.

차례

AI, 스포츠와 만나다

올림픽부터 프로 야구, 유럽의 축구까지 스포츠를 접하는 수단이 TV로 긴 시간 함께했지만, 스마트폰을 포함한 다양한 매체로 변화하는 데 걸린 시간은 그리 길지 않았다. 각종 스포츠를 전달하는 권한이라 할 중계권 사업자 역시 방송사 중심의 계약 구조에서 OTT(Over The Top) 플랫폼으로 넘어가는 속도가 빨라지고 있고, 사람들은 유료 구독을 통해 스포츠를 수용하는 데 이미 익숙함을 느끼고 있다. 매체 변화가 빨라지는 과정에 스포츠 미디어도 속도를 맞추고 있다. 그 속에 담긴 내용과 제작 방식도 최첨단을 걷는 건 스포츠 중계 초창기부터 지금까지 이어진 흐름이다.

TV 산업을 이끈 혁명적 도구는 '스포츠'라 해도 지나치지 않다. 1920년대 라디오 방송을 통해 스포츠의 실시간 중계가 지닌 가능성을 본 방송사들은 TV로 눈을 돌렸다. 1930년대 TV 보급률 자체가 높지 않던 시기, 올림픽이라는 국제적 이벤트 중계방송은 충분히 시청자에게 매력적인 요소였다. 지구 반대편 소식을 통해 전해지던 스포츠 경기의 TV 중계 경험은 주요 스포츠 TV 중계로 이어졌고 이는 TV 산업 성장을 이끌었다(Goldlust, 1988).

방송 산업 전반을 바꾼 핵심적 기술 발전을 이루어 냈던 건 스포츠 미디어였다. TV 산업을 이끌고, 활성화한 스포츠의 변화는 다시 스포츠 마케팅의 발전으로 이어진다. TV 산업 활성화와 스포츠의 핵심적인 역할이 그린 상승 곡선은 스포츠와 미디어, 두 분야 최초의 결합부터 지금까지 이어졌고(김원제, 2005), 가장 빠른 형태의 미디어 변화까지 여전히 이어지고 있다. 스포츠를 통한 미디어의 발전은 현재 진행형이다.

스포츠와 만난 AI

지난 2006년 많은 스포츠 팬은 새로운 세상과 낯선 조우를 경험했다. 세계 4대 테니스 대회로 꼽히는 US 오픈에서 선심의 역할을 보완하는 수단으로 '호크아이(Hawk-Eye)'가 함께한 것이다. 계기는 2004년 대회로 거슬러 올라간다. 8강전에서 흑인 선수 세리나 윌리엄스를 향한 판정에 불공정함이 언급되었다. 선심이 노골적으로 윌리엄스의 상대인 백인 선수 제니퍼 캐프리아티의 편을 들었고, 이는 당시 이미 중계방송을 돕던 기술인 호크아이를 통해 유감없이 전해졌다. 주심과 라인맨이 윌리엄스의 어필을 받아들이지 않았고 윌리엄스는 패했다. 승패를 가른 주요한 오심이 이어진 것에 인종 차별 논란까지 더해져 팬들이 US 오픈 조직위원회에 항의하기에 이르렀다. 결국 해당 심판은 남은 경기에서 제외됐고, 협회의 공식 사과가 이어졌으며, 동시에 테니스계에서 심판의 자의적 판단을 막기 위한 수단으로 호크아이 도입이 언급됐다. 이를 통해 테니스는 그 어떤 종목보다 빠르게 호크아이 시스템을 정식 시합에 도입하게 됐다(손우성, 2017).

1999년 영국의 폴 호킨스가 고안하고, 2001년 크리켓 TV 중계를 위해 개발된 호크아이는 10~14대 정도의 초고속 카메라가 공의 움직임을 추적한 뒤 3차원으로 재구성하는 기술인데 인공지능의 힘을 빌려 그 오차를 초기 5mm 수준에서 절반인 2.5mm까지 줄이는 데 성공했다. 스포츠 미디어의 핵심인 중계 영역을 넘어 판정 영역에 자리하게 된 호크아이의 현실적이고 국제적인 등장은 '오심도 경기의 일부'로 여기던 스포츠계 관행에 울림을 주었고, 단순히 중계방송을 위한 기술을 넘어 심판들의 판정을 결정짓는 요소로 자리 잡기에 이르렀다.

초기에 이런 중계 화면 결정과 도입 여부를 놓고 스포츠 미디어 제작자들의 고민이 치열했다. 판정 영역의 고유성을 위해 아직도 많은 스포츠 현장에서는 비디오 리플레이를 전광판을 통해 노출하지 않는다. 하지만 VAR(Video Assistant Referees)이 익숙한 이 시대에 당연하게 판정을 위해 중계 영상을 제공하고, 중계 제작자 스스로도 인공지능이 판단한 결정들을 별다른 거부감 없이 정보와 판단 영역에 이용하고 있다.

기술력과 인간이 아닌 것들의 시대와 함께하는 지점에 이른 스포츠의 변화는 이후 그 속도가 상상할 수 없을 정도로 빨라졌다. 어느덧 익숙해진 비디오 판독과 각종 시스템의 도입은 단순한 세상의 변화를 넘어 스포츠가 가야 할 미래를 보여 주고 있다. 지금의 변화는 과거의 풍경과 엄청난 차이를 만들었지만, 앞으로 다가올 변화의 깊이와 크기는 심지어 가늠조차 힘들다.

AI와 인간의 대결

공식 국제 스포츠 이벤트가 이미 널리 인정하고 있는 종목이지만 아직 스포츠로 볼 수 있는지 그 여부를 두고 논란의 요소가 있는 바둑이나 체스에서 스포츠 미디어 역사에 남을 큰 사건이 2016년 발생했다. 단순 스포츠 중계 영역을 넘어 인류와 AI의 첫 대결이라는 점에서 더욱 그랬다.

AI를 바탕에 둔 다양한 변화의 큰 변곡점 중 가장 많은 이들이 기억할 사건은 역시 지난 2016년 3월 서울에서 펼쳐진 인간과 AI의 역사적인 대결이다. 스포츠 영역으로 분류하는 것조차 늘 애매함을 동반했던 '바둑' 종목에서 인간 이세돌 9단과 구글의 인공지능 프로그램 '알파고'의 대결이 펼쳐진 것이다.

이전 1990년대 중반 세계 체스 챔피언과 IBM 슈퍼컴퓨터 '딥 블루'의 대결이 이미 인간과 기계의 대결이라는 점에서 관심을 모았지만, 이 대결에서 딥 블루가 승리한 후에도 여러 인공지능 관계자는 바둑만큼은 인간의 영역으로 여기는 분위기가 우세했다. 창의성이 요구되는 인간 고유 영역으로 인식되어 온 바둑은 인공지능 시장을 선도하고자 했던 구글엔 도전 과제로 안성맞춤이었다. 당시까지만 해도 낯선 개념이었던 AI를 단숨에 우리 곁의 익숙한 소재로 만든 과정에는 스포츠 미디어적 접근이 있었다. 데이터 기반의 인공지능과 창의성이라는 무한의 가치를 바탕에 둔 인간의 대결, 이 이벤트는 전 세계적 관심을 끌었고 대국마다 다양한 매체를 통해 동시 생중계가 이뤄지는 진풍경을 만들었다. 많은 바둑계 인사들을 중심으로 대부분의 여론은 초기 이세돌 9단의 우세를 점쳤다.

대형 국제 스포츠 이벤트를 능가할 만큼 다양한 이슈

를 낳은 이 대국은 AI라는 용어를 익숙하게 만든 대표적인 미디어 콘텐츠로 평가받을 수 있을 것이다. 결과적으로 세계 최정상급 이세돌 9단을 상대로 펼친 구글 딥마인드 AI 바둑 프로그램 알파고의 세기의 대결은 일방적으로 흘러갔다. 대국 전까지 이세돌의 우세를 말하던 의견은 내리 3국을 차지하는 알파고의 위력 앞에 엄청난 이슈를 만들었다. 최종 결과는 1승 4패, 4국에서 거둔 승리를 두고는 '알파고가 일부러 져 준 것'이라는 말까지 나올 정도였다.

구글 딥마인드의 궁극적인 목표가 바둑이 아닌 '인공지능 역할 확대'라는 것을 확실히 보여 준 인간과의 바둑 대결, 이는 AI라는 용어와 개념을 우리에게 스포츠의 틀에서 소개한 결정적 장면일 것이다. 호크아이가 공정한 판정의 신호탄이었다면 이세돌과 알파고의 대결은 인간과 AI가 경쟁한 첫 사례였다. 결국 다섯 번의 대국은 단 한 번의 인간 승리로 마무리됐다. 그리고 이 승리는 흔히 AI를 상대로 거둔 인간의 마지막 승리로 평가된다.

미디어 기술의 지표, 스포츠

기술의 최첨단과 스포츠의 접점은 낯선 연결 고리가 아니다. 미디어 기술의 폭발적인 발전 지표에 늘 스포츠가 함께하고 있었다. 방송 영역에서 새로운 지평을 연 기술 발전의 장에는 대부분 스포츠 콘텐츠가 함께했다.

스포츠와 관련한 정보 제공 측면에서 시작해 공간적 경험이 중요한 스포츠의 공유를 통해 일체감과 즐거움을 전달하고, 새로운 경험과 대리만족으로까지 나아간 스포츠 미디어는 다양한 요구를 충족하며 방송 기술 발전을 선도적으로 이끌었다.

미디어와 스포츠의 접점은 1880년대 신문에서 스포츠 기사를 정기적으로 쓰기 시작한 시점까지 거슬러 올라간다. 스포츠의 실시간적 가치에 근거를 둔 라디오 중계가 1920년대 시작됐고, 1930년대 본격적인 TV 중계와 함께 올림픽 실황 중계로 이어졌다. 급속한 발전에 가속도가 붙으며 위성방송으로 전 세계에서 실시간 지구 반대편 중계를 접하는 시대에 이르기까지 30년도 걸리지 않았다.

이후 스포츠와 미디어는 시장 규모 확장으로, 다시 프로 스포츠 시장의 전 세계적 자본 확장으로 연결된다. 규모의 확대는 다시 투자 증가로 이어졌고, 이는 기술 발전을 통한 확장성 증대라는 순환을 만들었다. 다양한 주변 기술 발전이 스포츠 미디어와 결합하며 최근 스포츠 시장은 온라인과 소셜 미디어에서도 뜨겁게 주목받는 콘텐츠로 미디어 시장을 선도한다.

스포츠 중계 기술의 발전을 이용해 우리는 전 세계에서 일어나는 여러 일들을 마치 스포츠 중계를 보는 것과 마찬가지로 접하는 변화 과정을 경험하는 데 이른다. 대표적인 사례가 1990년 8월 발생한 미국과 이라크의 걸프전 생중계라 할 수 있다. 인류 역사상 최초로 생중계된 전쟁이라는 측면에서 큰 의미를 남긴 미디어 발전상은 스포츠 미디어의 발전과 마찬가지로 전 세계 모든 소식을 공유하고 전하는 데 있어 비슷한 변화와 진화로 이어진다. 전면적인 전쟁 중계는 최근 발생한 러시아와 우크라이나 전쟁 과정이 소셜 미디어를 통해 전달되는 형태로까지 진화되었다.

미디어의 정점에서 각종 기술의 발전을 이용하는 스포츠 미디어의 활용에는 우리 시대 변화가 담겨 있다. 이런 변화에 자본이라는 영역이 더해져 스포츠 시장은 최첨단 기술을 통해 다시 진화를 꾀하고 있다. 이런 흐름은 AI와 미디어의 상호 보완적 관계를 통해 이제 나타나기 시작했다. 스포츠 중계 및 각종 콘텐츠의 영역에서 AI는 점점 그 밀접도를 높이는 중이다.

AI, 스포츠 미디어

미디어 기술의 집약체와도 같은 스포츠 분야에서 AI를 포함한 각종 기술 발전은 속도감 있는 변화와 다양한 논의를 끌어냈다. 이 책의 구성 역시 이런 밀접성을 바탕으로 이뤄졌다. 첫 번째 장에서는 스포츠와 AI의 연관성을 살펴본다. 이와 함께 기술 발전과 더불어 스포츠의 영역이 어떻게 미디어적 발전을 이어 왔는지 같이 짚어 본다. 이어지는 두 번째 장은 최근 스포츠 시장을 새롭게 만드는 판정 영역에 자리한 AI에 관한 다양한 사례를 짚어 본다. AI가 판정 영역에서 어떤 위치를 차지하고 있는지와 종목에 변화를 만든 과정도 함께 살펴본다. 3장에서는 방대한 스포츠 데이터에 AI가 어떤 영향을 미쳤는지 알아본다. 특히 수치와 영상이 더해진 스포츠 미디어 분야에서 갈수록 중요성이 커지는 AI의 힘을 짚어 보며 스포츠 전반에서 이젠 익숙해진 빅데이터의 가치까지 조명한다. 4장으로 넘어가 AI의 기사 작성과 뉴스 전달 과정을 통해 스포츠 미디어에서 AI가 어떻게 활용되고 있는지 살펴본다. 5장에서는 중계방송의 역사와 그 끝에 이른 AI 중계의 연결 고리를 추적한다. 그 방식의 기본을 짚어 보는 것과 함께 어떤 차별화가 가능한지도 짚어 본다. 중계방송의 연출 영역까지 자리한 AI의 힘과 영상에서 AI의 탁월성을 6장에서 살펴보고, 어떤 가치를 품고 시장성을 더하는지 점검해 본다. 7장에서는 스포츠 분야 해설까지 진출한 AI의 변화를 소개한다. AI를 통한 공간 확장성이 스포츠 공간에서 어떤 형태로 자리하는지, 그 가치는 어떤 부분에서 크게 나타나는지 8장에서 알아보고, 공간적 한계를 넘어 직접 즐기는 스포츠로의 변화에 AI가 어떤 역할을 하는지 9장에서 챙겨 본다. 마지막 10장에서는 AI를 통해 진화를 거듭하는 스포츠 미디어의 다가오는 경쟁 상대를 살펴본다. 이 변화는 미디어와 AI, 스포츠와 AI에 대한 모든 논의를 한 곳에 집중시키며 앞으로의 변화에 대한 주요한 예측으로 자리할 것이다.

미디어 기술 발전과 함께했던 스포츠 분야의 발전, 이를 통해 AI가 만들어 갈 미래 예측 과정부터 스포츠 세계에 자리한 AI의 역할에 대한 상호 점검과 확장성에 대한 통찰은 다가오는 세상의 변화를 보는 창으로도 의미가 크다. 단순한 미래 사회의 예측을 넘어 이 분야의 발전 방향성을 보는 건 AI와 우리 삶이 어떤 영향을 주고받는지 가늠할 좋은 기회가 될 것이다.

참고문헌

김원제(2005). 『미디어스포츠 사회학』. 커뮤니케이션북스.

손우성(2017.10.18). 초당 340프레임·오차 ±2.6㎜... “심판의 종말” vs “완벽체 아냐” ≪문화일보≫
Goldlust, G.(1988). Playing for Keeps: Sport, the media and society, Longman Chechire.

01
스포츠의 진화, AI

스포츠 시장 전반에서 기술 발전의 활용은 더 이상 낯설지 않다. 성장세를 이어 가는 스포츠 분야의 발전에 AI 역시 빠질 수 없다. 스포츠 분야에서 AI의 발전이 가장 급진적 진화를 보이는 바탕에는 스포츠 미디어의 특성과 효과를 활용한 측면에서의 변화가 눈길을 끈다.

스포츠의 다른 눈, AI

스포츠 분야에서 과거와 다른 확실한 변화의 흔적은 과거와 비교할 수 없는 빅데이터일 것이다. 선수들의 움직임은 각종 동작 감시 시스템을 통해 영상화되고 수치화된다. 속도와 자세부터 문제점까지 분석하는 AI의 힘은 이미 훈련 상황을 넘어 경기에 활용되기에 이르렀다. 뉴미디어의 확장으로 스포츠 장르에서는 과거와 다른 시선의 화면들이 늘어나고, 그것이 새로운 시각 표상인 하이퍼 매개(hypermediacy) 양식으로 나타난다. 극대화된 현실감을 통해 불편을 감수하더라도 새로운 화면을 만날 수 있게 된 것이다(박성희, 2017). 이런 변화는 불과 수년 만에 이뤄진 것으로 과거 선수 출신 지도자들이 날카로운 눈길로 포착해야 했던 것들을 이젠 카메라를 통해 담고, AI가 분석하는 지점에 이른 것이다. 이런 외부 도움에 대한 거부감이 컸던 스포츠 분야에서 본격적인 변화가 시작된 것은 2018년 러시아 월드컵이라 할 수 있다. 이전까지 FIFA는 경기장 내 전자 장비 사용을 엄격하게 금지했다. 2018 러시아 월드컵부터 벤치에 있는 코치진이 태블릿과 헤드셋 등을 통해 기자석에 자리한 전력분석팀 자료를 실시간 전술에 반영할 수 있도록 바뀐 것이다(양승남, 2018). AI라는 기술적 발전 지표가 스포츠의 눈을 바꾼 것이다.

기술 발전과 확장은 코치진의 눈만 대신한 것이 아니다. 2018년부터 국내 프로 야구 무대에서는 경기 중 첨예한 판정 상황마다 감독들이 그라운드를 향해 손가락으로 모니터를 지시하는 네모를 그려 보이는 장면이 심심찮게 등장했다. VAR 시스템 도입으로 심판이 미처 보지 못한 장면들을 판정 영역에서 챙겨 볼 수 있게 된 것이다. 도입 초기의 우려를 불식하고 이제는 익숙해진 스포츠 분야의 기술적 확장성은 더 이상 미래 이야기가 아니다. 이러한 변화는 4차 산업혁명의 일환으로, 인공지능 기술의 발전이 스포츠 영역에 확장되고 있음을 단적으로 보여 주는 현상이다(김주학 · 조선미, 2024).

전통적으로 영상 기반 동작 분석은 영상 자체를 바탕으로 한 각도와 거리에 운동 요소를 더해 계산한 것으로 정밀함에 부족함이 있었다면, 최근에는 센서와 다양한 영상 장비로 정밀함까지 더해 스포츠 결과에 차이를 만들고 있다. 초고속 카메라로 미세한 동작을 분석할 수 있고, 중계에도 자주 쓰이는 정밀 레이더 장비는 볼의 속도, 회전수, 방향에 대한 여러 데이터 분석까지 도출, 경기력 변화에 시선 그 너머의 힘을 보여 주고 있다. 한 단계 더 나아가 최근에는 경기 영상 자체에서 이미지 추적까지 가능해 실시간 3차원 분석이 가능해졌다(이미숙 · 조정환, 2017).

이 변화는 결국 중계방송을 통해 우리에게도 익숙한 장면으로 도출되고 있지만, 스포츠 현장에서 그 활용 가치와 확장성 면에서 과거와 비교할 수 없는 효과를 거둔다.

부상을 예측하고 훈련도 만드는 AI

2013년 IBM은 영국 럭비팀 '레스터 타이거스(Leicester Tigers)'에 예측 분석 프로그램을 도입, 선수들에게 작은 측정 장비를 달아 경기 도중 선수들의 충돌과 점프, 달린 거리 등을 실시간 측정했다. 이런 데이터를 바탕으로 선수들의 피로 정도를 예측하고 부상 확률을 계산했다. 지친 선수들을 교체하고, 부상 우려를 줄일 수 있는 시스템을 구축한 것이다. 이 팀의 앤드루 셸턴(Shelton)은 "팀간 경쟁이 심해지는 만큼 선수들을 부상으로부터 최대한 보호하는 것이 중요하다"라며 이런 시스템 구축이 팀에 얼마나 큰 효과를 주는지 강조했다(박순찬, 2013). 선수들의 시각화된 정보가 수치화되고, 이를 토대로 만든 빅데이터가 다시 선수들에 대한 지속적인 모니터링으로 이어지는 구조를 만들어 AI를 통한 스포츠의 진화를 구현한 것이다.

우리 국가대표 선수촌 역시 동작 감지 기술을 도입해 선수들의 속도와 제어력, 공격력 등을 분석, 훈련에 효율적으로 활용하고 있다. 이런 작은 변화는 부상을 방지하고 훈련 성과를 극대화했으며 유의미한 성적 변화를 이끌었다. 자세 교정에 도움이 되는 것은 물론 어떤 동작들이 부상을 유발하는지 촬영한 영상과 웨어러블 장비를 통해 구체화한 데이터를 활용해 전문 코칭 그 이상의 효과를 거두고 있다. 종목별로 살펴보면 축구의 경우, 촬영과 웨어러블 센서를 통해 선수들의 볼 터치부터 패스의 정확도, 선수의 동선과 피로도를 분석해 경기 전략을 짜는 사례가 이미 보편화되어 있다(이동현 · 임재구, 2021). 장비의 발전과 빅데이터 결합을 통해 선수들은 같은 상황에서도 더 안정적인 경기력을 담보할 수 있게 됐고, 이는 팀 성적과 리그 수준에도 긍정적 효과를 준다.

부상 예측 시스템은 선수들의 신체 진단 자료와 모니터링, 웨어러블 기기와 촬영으로 수집한 데이터를 종합해서 이뤄진다. 본인도 느끼기 힘든 미세한 징후를 잡기도 하고, 부상의 원인을 영상 자료를 통해 찾아내는 성과도 있다. 초기 부상 단계나 미세한 부위의 손상도 AI가 누적한 알고리즘을 통해 찾아내, 큰 부상을 막고 팀 전력을 지키는 효과를 거둔다(서용석 · 강지훈 · 김영석, 2021).

기술 발전을 바탕으로 새로운 감각을 얻은 스포츠 분야의 발전에 AI가 더해지며 팀이 전략과 전술을 얻었다면, 선수들은 코칭과 부상 방지의 혜택을 입는 시대에 접어든 것이다. 그리고 그 중심에서 스포츠 미디어 기술을 바탕에 둔 새로운 눈이 AI라는 뇌에 확장성을 더하고 있다.

예측 불가 스포츠, AI는 결과를 알고 있다

방대한 데이터 처리에 탁월함을 보이는 AI의 힘은 스포츠의 예측 불가함에 새로운 답을 제시하고 있다. 빅데이터와 스포츠 사이 접점이 크지 않았던 2013년, '2013년 호주 오픈'에서 당시 세계 랭킹 1위 세르비아의 노박 조코비치(Djokovic · 26)와 3위 영국의 앤디 머레이(Murray · 26)의 맞대결을 놓고 대회의 공식 기술 파트너인 IBM은 지난 8년간 4100만 개의 경기 데이터를 바탕으로 조코비치의 우승을 점쳤다. 8년간의 두 선수의 습관과 경기 데이터를 샅샅이 분석한 AI가 우승 조건들을 설명하며 우승자를 예측한 것이다. 단순히 과거 데이터만 놓고 예측하는 것이 아니라 눈앞에 펼쳐진 실시간 데이터를 더해 정확도를 끝없이 높여 온 것인데, 이처럼 AI는 일찌감치 스스로 학습하고 발전해 왔다.

결과 예측이 가능한 데이터 분석은 팀의 승리, 우승을 만드는 바탕이 되기도 한다. 2014년 브라질 월드컵에서 6승 1무라는 압도적 기록으로 우승한 독일의 경우, 데이터 처리 시스템 솔루션 기업 SAP의 축구용 빅데이터 분석 솔루션 'SAP 매치 인사이트(SAP Match Insight)'로부터 실시간 경기 영상과 선수 분석 자료를 제공받아 훈련에 활용했다(김재호, 2020).

상호 작용이 이뤄지는 스포츠 분야에서 모든 팀이 이제는 빅데이터에 익숙한 시대에 접어든 만큼 과거에 비해 이런 차별화를 통해 승패의 격차를 만들긴 힘들다. 하지만 대부분의 종목에서 거의 모든 팀이 이런 흐름을 수용하고 있다는 점에서 조금만 뒤처진다면 바로 성적 하락으로 이어질 것은 자명한 현실이다. 아울러 이런 데이터를 활용한 스포츠 분야의 변화는 전문적인 구단과 코치진을 넘어 일반 팬들의 시청 형태와 종목을 즐기는 분야에도 영향을 미치고 있다. 이미 메이저 리그에서는 머신러닝 기법을 활용, 승률 예측 모델을 만들었고, 다양한 정보들을 활용해 정확성을 더하고 있다(김석준 · 김현주 2011). AI가 스포츠 진화의 정점에서 그 변화를 보여 주고 이끄는 것이 이미 익숙한 시대에 접어든 것이다.

참고문헌

김석준·김헌주(2022.12.01). 머신러닝을 활용한 메이저 리그 승률 예측 모델과 피타고라스 승률의 비교와 SHAP을 통한 승률 증감 요인 분석. ≪한국정보기술학회≫.

김재호(2020.5.6). 'AI로 팬을 즐겁게 하라'...AI로 진화하는 스포츠 ≪AI 타임스≫

김주학·조선미(2024). 인공지능 기반 한국프로야구(KBO) 자동 투구 판정 시스템(ABS)의 일관성 분석. ≪한국체육측정평가학회지≫, 26(2), 93-103쪽.

서용석·강지훈·김영석(2021). 축구선수 부상 예방을 위한 웨어러블 디바이스 적용. ≪한국웰니스학회지≫, 16(4), 431-436쪽.

박성희 ,(2017). 스포츠 콘텐츠 유통의 새로운 패러다임: 스포츠의 뉴미디어화. ≪유통과학연구≫, 15(10), 93-103쪽.

박순찬(2013.6.7). 컴퓨터가 답한다, 오늘의 승자 누구일지. ≪조선일보≫.

양승찬(2018.6.18). 차두리 코치가 벤치 대신 기자석 앉은 이유는. ≪경향신문≫.

이동현·임재구(2021). 4차 산업혁명 시대 스포츠의 사회철학적 함의. ≪한국스포츠학회지≫, 19:1 291-301쪽.

이미숙·조정환(2017). 스마트 기기를 활용한 엘리트 운동선수 경기력 향상 연구 동향. ≪한국체육과학회지≫. 26(1), 1219-1235쪽.

02
중계에서 판정으로 나아간 AI

신성불가침의 절대적인 영역으로 자리했던 스포츠 분야의 '판정', 하지만 중계 기술 발전은 가장 먼저 이 영역의 변화로 이어졌다. 미디어를 통한 판정 개입은 스포츠 전반에 변화를 불러왔고, 이 변화는 결국 판정을 AI에 맡기는 스포츠의 새 시대를 열었다.

오심도 경기의 일부? 판독과 재심이 일부!

스포츠라는 콘텐츠가 지닌 가장 큰 힘은 예측 불가능성과 공정성에 대한 기대에 있다. 그 핵심은 심판이다. 전통적인 스포츠 가치의 핵심이라 할 공정과 평등, 진실과 공리를 바탕에 둔 정의 추구가 바로 심판의 역할이다. 심판은 판정자이며 경기를 원만하게 진행하는 것이 주요 임무지만, 최근 기술 혁신과 경기력 증대에 따른 변화로 과거에 비해 시각 능력만으로 공정한 판정을 하기 힘든 시대에 접어들었다는 것이 주된 평가다(박현우, 2016).

이런 기본적인 합의를 바탕으로 '오심'은 스포츠 정의 자체를 훼손하는 행위로 평가받는다. 심판이 올바르지 않은 판정을 내린 행위를 뜻하는 오심은 경기 중 흔하게 발생한다. 기계가 아닌 인간이기에 불가피한 측면이 있고, '오심도 경기의 일부' 혹은 '오심도 실력'으로 보는 관행도 있기 때문인데, 때로는 그 결과가 심각한 문제로 이어지기도 한다. 2014년 브라질 월드컵의 경우, 독일과 잉글랜드 경기 중 1 대 2 상황에서 잉글랜드의 동점 골이 노골로 선언된 것에 대해 FIFA 회장까지 오심에 대해 사과했지만, 파장은 상당히 길게 이어졌고 이는 기계와 판정을 혼용하는 것에 대해 거부감이 컸던 FIFA의 변화로 이어졌다(이동현 · 임재구, 2021).

심판 판정이 때로 승패에 결정적인 영향을 줄 수 있다는 점에서 오심에 대한 엄정함을 요구하는 목소리가 힘을 얻었고, 스포츠 정의를 구현하기 위한 재심 요구 역시 커졌다. 경기 흐름을 방해하거나 경기 시간 자체의 비효율적 증가에 대한 우려도 있지만, 이런 우려보다 오심으로 인한 피해와 스포츠의 가치 상실이 크게 우려된다는 지적이 이어지며 재심과 판독 기회의 제도화는 이제 피할 수 없는 흐름이 되었다. 과거, '오심'이 경기 일부이던 시절에서 '재심'과 '판독'이 경기의 일부로 자리하는 시대를 스포츠 정의라는 측면이 요구한 것이다. 보수적인 스포츠계도 이 목소리를 외면할 수 없을 만큼 기술은 진보했다. 각종 미디어를 통해 명백한 오심을 지켜본 시청자와 팬들의 분노는 기술 발전에 힘입어 스포츠 판정의 변화를 만들었다.

사람의 눈보다 빠른 판정의 시대

사람이 아닌 로봇이 심판 역할을 대신해야 한다는 논의의 역사는 생각보다 오래전으로 거슬러 올라간다. 판정의 영역 가운데 가장 미묘하고 오류를 잡기 힘든 야구 볼 판정에 도입을 시도했던 건 1950년대 미국이 처음이었다. 심판 판정의 들쭉날쭉함을 보완하기 위해 미국 메이저 리그는 세계 최초로 공에 금속 물질을 바르고 전자 시스템으로 이를 감지하도록 한 로봇 심판을 도입했다. 하지만 높은 비용 대비 잦은 오류로 정착에는 실패했다(이동현 · 임재구, 2021).

사람의 시각으로 판단하기 어려운 여러 상황에 대한 오류를 직접적으로 자각하게 된 계기는 스포츠 미디어의 확장과 발전으로 극대화된다. 스포츠 중계의 꽃이라 할 슬로 장면은 명백한 오심을 모두가 확인하게 만들었다. 하지만 심판 역할을 주시하는 입장에서는 이 부분에 대한 문제점을 지적하고 있다. 심판의 특권이라 할 존재의 권위가 정확한 판독이 가능하도록 자료를 제공하는 전자 장치에 의해 무너지고 있다는 주장이다(Richard Royce, 2012).

이 갈등은 인간이 지닌 생리적 한계와 오심 가능성을 인정하고 새로운 시도를 받아들여 변화를 꾀하는 방향으로 진화하고 있다. 경기 자체가 진실한 환경에서 정의롭게 진행돼야 한다는 것이 심판의 권위보다 더 높은 숭고한 가치라는 점에 대해 모두가 인정하기 때문이다. 미세한 변화와 사소한 지점까지 기계 도움으로 정확히 판정할 수 있을 때 스포츠의 가치 또한 한 단계 높아진다는 것을 심판을 포함한 스포츠계 전반이 공감하게 된 것이다.

대회 권위까지 지켜 낸 비디오 판독

판정 문제로 인종 차별 논란까지 불러왔던 2004 US 오픈 오심 이후 호크아이(Hawk-Eye)라는 비디오 판독 시스템이 빠르게 도입되기 시작했다. 2006년 1월 ATP 테니스에서 시작된 이 시스템은 여러 대의 카메라로 공의 위치를 파악해 라인 인-아웃 여부를 판단한다. 과거 중계방송에서 영상을 재생해 판단하는 '비디오 리플레이' 방식이 아니라 자체 영상을 판독해 결과를 송출하는 것으로 최초의 AI 판정이라 볼 수 있다. 실수에 대한 인정을 바탕으로 권위적인 테니스 대회의 상징인 그랜드슬램 중 하나였던 US 오픈은 2006년 대회부터 세계 최초로 호크아이를 도입해 오심 요소를 지워 내고 대회 권위를 스스로 지켜 냈다.

테니스의 변화 시도는 세계인의 최대 스포츠 이벤트 월드컵을 주관하는 FIFA 변화로 이어졌다. 기존 주심과 부심 2인으로 이뤄지던 판정에 VAR(Video Assistant Referees) 시스템을 도입해 비디오 판독으로 오심 우려가 있는 판정을 다시 판단하는 것이다. US 오픈보다 10년 늦은 2016년 클럽 월드컵에서 처음 도입된 이후 2018년 러시아 월드컵을 통해 본격 도입되어 오심이나 편파 판정에 대한 우려를 줄였다는 평가를 받아 왔다.

도입은 늦었지만 대회를 거듭하며 진화를 멈추지 않은 FIFA는 2022년 카타르 월드컵에서 AI 기술을 활용한 다양한 시도로 공정성을 높였다는 평가를 받는다. 중계방송용 영상을 리플레이해 판독하던 초창기 시스템을 넘어 경기장 상단에 12대의 카메라를 추가 설치해 선수들은 물론 공의 움직임까지 추적해 실시간으로 영상 데이터를 전송하는 것을 시작으로 초고속 카메라를 동원한 동작 스캔으로 반칙의 결정적 증거를 수집하는 데까지 나아갔다. 공인구에는 센서를 부착해 판독 AI의 데이터로 활용하고, 논란이 가장 심했던 오프사이드 여부는 반자동 시스템이 스스로 판단을 내리도록 했다(김경수, 2022).

올림픽 역시 예외는 아니다. 잦은 판정 시비로 퇴출론까지 있던 태권도 종목의 경우, 전자 호구 시스템을 도입해 자동 채점으로 논란을 잠재웠다. 지난 2020년 도쿄 올림픽 체조 종목은 로봇 심판을 도입했는데, 이는 종목이 지닌 한계를 극복하는 데 보조적 역할을 충실히 수행했다. 체조의 특성상 정량적 요인보다 '얼마나 예술적인지'에 대한 정성적 요인이 평가에 결정적 영향을 미쳤는데, 로봇이 회전수나 동작의 완벽함을 정확히 판독함으로써 판정 보조 수단으로 기능하는 것이 가능해진 것이다(이동현 · 임재구, 2021). 체조 외에도 장대높이뛰기에서 선수와 바 간격 측정, 다이빙에서 입수 속도와 같은 것도 AI가 정밀하게 측정해 다양한 자료를 제공한다. 육상 결승선 통과 순간은 초당 1만 장의 사진을 찍어 판독이 가능한데, 이는 과거보다 4배 이상 좋아진 것이다(김민기 · 유지한, 2024). AI의 진화를 바탕으로 국제 대회의 오심 논란은 조금씩 줄어드는 추세다.

세계 최초, 판정을 주도한 AI

심판 판정에서 보조적 임무를 수행했던 AI가 이제 판정을 주도하는 시대에 이르렀다. 2024년 KBO 리그가 세계 최초로 프로 야구 리그 중 로봇 심판을 본격 도입한 것이다. 야구에서 가장 큰 논란의 영역이었던 볼-스트라이크 판정에 자동 판정 시스템(ABS, Automatic Ball-Strike System)을 도입하기로 전격 결정했다(이후광, 2024).

기술적으로 인공지능을 활용해 카메라에 관련 기기를 장착하면 투수가 던진 공의 구질과 속도 등을 측정해 스트라이크 존과 볼을 판별할 수 있다는 것은 스포츠 중계를 통해 야구 팬들 사이 이미 잘 알려진 사실이었다. 인공지능 기반 예측 기술을 활용해 심판의 주관적으로 이뤄지던 기존의 판정 방식을 개선하자는 목표로 ABS 도입이 추진됐다. 2022년 2군 퓨처스 리그에서 시범 도입됐던 ABS는 2023년 고교 야구로 그 범위를 확장해 다양한 평가를 바탕으로 오류를 수정했고, 드디어 2024년 KBO 리그에 도입되기에 이르렀다. 이는 전 세계에서 가장 빠른 시도다(김주학 · 조선미, 2024).

4차 산업혁명의 일환으로 볼 수 있는 이런 변화의 움직임은 AI 기술 발전이 스포츠 현장에 적극적으로 활용된 대표적 사례라 할 수 있다. ABS는 스트라이크 존 설정의 어려움에 대한 고민이 로봇 심판의 머신러닝을 통해 해결될 수 있음을 보여 주었다. 일정한 판정이 필요하지만 타자에 따라 바뀌는 스트라이크 존을 AI를 통해 정확하게 구현하고 공의 궤적을 추적해 판정하는 것으로, 그 정확도는 상당하다(최호섭, 2021). KBO는 도입 한 달여 뒤 조사를 통해 ABS가 정확도 99.9%로 투구 추적을 통한 정확한 예측에 성공했고, 모든 구장에서 좌우 평균 4.5mm, 상하 평균 4.5mm의 오차로 높은 정확성을 자랑한다고 발표했다. 물론 일각에선 환경적 영향과 기계 오류에 대한 대책 마련이 필요하다는 지적도 있었다. 실제로 2024년 6월 잠실에서 펼쳐진 경기의 경우, ABS의 오류로 인해 심판이 직접 판정했다. 2024년 4월 대구에서는 ABS 시스템이 스트라이크로 판독한 상황에서 심판이 볼로 판정하는 일이 있었다. 시스템의 음성을 듣고 판정해야 하는 심판이 이를 착각한 것이다. 이에 대해 판정이 의도적으로 조작된 것이라는 의심이 이어졌다. KBO가 구단에 제공한 태블릿 PC 화면에선 스트라이크로 표시되었지만, 심판이 볼로 판정한 것이다. 이를 뒤늦게 확인한 구단은 항의를 이어 갔지만, 이는 끝내 받아들여지지 못했다(손장훈, 2024). AI를 통한 판정 시스템의 허점이 드러났다고 할 수 있는 사례들이지만 대부분 기계적 오류나 사람 문제에 기인했다는 점에서 ABS 자체의 문제라 하기엔 부족한 부분도 있다.

ABS 도입은 판정의 신뢰성과 정확성을 높이는 동시에 심판의 주관이 개입된 판정은 일관성이 부족하다는 인간적 한계를 극복할 수 있으리란 기대를 모으고 있다. 심판의 비일관성과 오심은 야구 심판의 불신을 키워 로봇 심판의 필요성을 높인 끝에 이른 결과라는 분석도 뒤따른다. 이런 상황에서 ABS의 도입은 불필요한 논쟁을 줄이고, 경기의 공정성을 확보하는 것은 물론, 선수와 팬들 모두에게 만족스러운 경기 경험을 제공할 수 있다. 도입 첫해를 마무리한 ABS는 공정성과 스포츠 정의라는 본질에 걸맞은 결과를 보여 주었다는 평가가 현장은 물론, 팬들 사이에도 지배적이다(남상백 · 구위성 · 박태원 · 배정섭, 2024).

참고문헌

김경수(2022.12.4). [칼럼] 월드컵 VAR의 혁신과 미디어 융합. ≪무등일보≫

김민기·유지한(2024.8.1). 체조 VAR·상담 챗봇… AI 각축장 된 올림픽. ≪조선일보≫

김주학·조선미(2024). 인공지능 기반 한국프로야구(KBO) 자동 투구 판정 시스템(ABS)의 일관성 분석. ≪한국체육측정평가학회지≫, 26(2), 93-103쪽.

남상백·구위성·박태원·배정섭(2024). 한국프로야구에서 선수들의 로봇 심판에 대한 판정 인식에 따른 심리 상태 및 경기력 및 정착 방안에 관한 연구. ≪한국레저사이언스학회지≫, 15(2), 21-34쪽.

손장훈(2024.4.15). "볼로 들었다고 하세요"...프로 야구 ABS 오심 모의? MBC.

박현우(2016). 심판의 오심 판정과 스포츠 정의. 움직임의 철학. ≪한국체육철학회지≫, 24(3), 69-84쪽.

이동현·임재구(2021). 4차 산업혁명 시대 스포츠의 사회철학적 함의. ≪한국스포츠학회≫, 19(1), 291-301쪽.

이후광(2024.1.25). '세계 최초 도입' 韓 로봇 심판, 스트라이크존 2cm 확대 적용...피치클락 18초·23초로 시범 운영. ≪OSEN≫.

최호섭(2021.6.30). [스페셜리포트] ② AI로 스포츠 심판이 바뀐다...오심 논란은 완전히 사라지게 될까. ≪AI타임스≫.

Richard Royce(2012). *Refereeing and Technology-Reflections on Collins'Proposals.* Journal of the Philosophy of Sport, 39, pp.53-63.

03
AI가 쓰는 스포츠 기사

스포츠 분야의 전문성이 잘 나타난 영역 중 하나는 바로 스포츠 저널리즘이었다. 하지만 이 분야 역시 AI의 막대한 영향력을 피할 수 없다. 별도의 창을 통해 전달하던 스포츠 관련 기사를 생산하며 효용을 보던 레거시 미디어는 점차 AI에 스포츠 기사 작성 자리를 내주고 있다.

별도 장르로 자리한 스포츠 뉴스

방송 3사 뉴스 편성의 공통적인 특징이라면 저녁 메인 뉴스 뒤에 스포츠 뉴스를 별도 프로그램으로 방송한다는 점이다. 심지어 공중파 뉴스의 경우, 전국 단위 뉴스를 제공한 뒤 각 지역 뉴스를 별도로 송출하고 뒤이어 다시 전국 방송으로 스포츠 뉴스를 내보낸 뒤 뉴스를 종료한다. 프로 스포츠의 전성기와 국제 무대 진출이 이어지던 시절에는 스포츠 뉴스에 별도 광고가 판매되는 일도 적지 않았다.

방송에만 스포츠의 영역이 별도로 존재했던 건 아니다. 유력 일간지들 역시 모두 자매지 형식으로 스포츠 신문을 발행했다. 1960년대 처음 등장했던 ≪일간 스포츠≫를 시작으로 1980년대와 1990년대를 거치며 스포츠 신문은 과거 신문 가판대의 주인공이었다. 이런 스포츠 신문 시스템은 이웃 나라 일본부터 유럽이나 미주도 마찬가지였다.

스포츠 관련 주제와 대회 등을 중점으로 다루는 스포츠 저널리즘은 1800년대로 거슬러 올라간다. 사회 엘리트를 대상으로 스포츠 부문을 전문적으로 할당한 신문이 나타났고, 이는 뉴스 비즈니스 전반에 중요한 부분으로 평가받기 시작했다(Motiz, 2014). 그리고 결과물인 스포츠 뉴스나 스포츠 신문은 1800년대까지 거슬러 올라가, 유럽의 경우 1896년 세계에서 가장 오래된 스포츠 일간지 ≪가제타 델로 스포르트(La Gazzetta dello Sport)≫가 창간됐다.

미디어 영역에서 스포츠라는 장르는 이렇게 독자적 위치를 확보한 가운데 역사를 이어 온 것이다. 단순한 스포츠 소식을 전하는 단계 그 이상을 담은 스포츠 저널리즘의 정의는 다양한데(송해룡, 1999) 대표적인 건 '스포츠 현상을 전달하는 미디어의 모든 활동'(최만수, 김동규, 2017)으로 보는 것이라 할 수 있고, 이런 점에서 스포츠 장르는 미디어의 영역에서 별도의 지위를 가지고 있다. 스포츠 저널리즘은 또 스포츠 정보 전달 기능과 함께 스포츠 문화 창출, 스포츠 환경 감시, 경제 산업적 기능, 소통 기능 등을 수행한다는 평가 속에 별도의 영역을 꾸준히 유지하고 발전시켜 온 것이다(김기태, 2010). 이는 신문과 방송이라는 도구를 넘어 공통적 특징이자 현상으로 볼 수 있다.

AI 기자의 등장

기술 발전은 저널리즘 영역에도 다양한 영향을 주고 있다. AI가 할 수 있는 대표적인 업무 가운데 하나로 꼽히는 것이 바로 뉴스 메시지 전달이라고 할 수 있다. 로봇 저널리즘으로도 불리는 이 영역에서는 컴퓨터 소프트웨어를 통해 데이터를 처리하고 글을 자동으로 생성하는데, 지난 2000년대 중반부터 이미 상당한 기사가 알고리즘을 통해 작성되고 있다(김동환 · 이준환, 2015). 흔히 로봇이 쓴 기사라고 불리는 이 영역은 아주 빠르고 폭넓게 저널리즘 지형을 차지하고 있다.

AI의 발전 속 초창기 모델로 빠르게 자리한 로봇 저널리즘은 중립성, 신뢰성, 정확성과 같은 영역에서 사람이 만든 뉴스보다 AI 기자 결과물을 더 높이 평가하는 경향이 있다. 반면 인간에 대한 이해와 재미 같은 영역에서는 사람이 쓴 기사를 더 높이 평가하는 경향이 나타나기도 한다(이동한 · 정한울, 2019). 이런 경향이 이어지며 우리는 기자의 손을 거친 것이 아닌 알고리즘에 의해 자동 생성된 기사를 다양한 경로로 접하고 있다. 특히, 최근 빅데이터를 기반에 둔 여러 정보를 바탕으로 한 기사 작성이 주를 이루기 시작하면서 알고리즘의 도움을 받아 AI와 기자가 함께 작성하는 기사도 상당히 늘어나는 추세다.

AI 기자와 함께 뉴스에서는 이제 AI를 바탕에 둔 앵커까지 등장한 상황이다. 2018년 11월, 중국 신화통신에서 최초로 AI 앵커 취멍이 등장하더니(박선옥, 2018), 우리나라에서도 종합 편성 채널 MBN 종합 뉴스에서 메인 앵커 김주하 아나운서가 AI로 등장했다. 아직은 어색하다는 평가도 있지만 AI의 발전은 분명 자연스러움을 더할 것이라는 기대를 모으는 상황이다(박서연, 2020). 자료를 분석해서 기사를 만들고, 그 기사를 사람들에게 직접 전달하는 것까지 AI 기자는 상당 영역에서 인간 기자가 하던 임무를 수행하고 있다.

AI 기자의 주 무대 '스포츠'?

사람이 아닌 로봇의 영역으로 넘어간 기자 시대를 만든 첫 사례는 다름 아닌 스포츠 영역에서 나왔다. 알고리즘으로 기사를 생성한 첫 연구는 미국 노스웨스턴대학에서 진행한 스탯츠몽키(StatsMonkey)로 야구 중계와 경기 결과를 담은 박스 스코어 데이터를 사용해 자동으로 기사를 작성하는 프로젝트였다(Allen, Templon, McNally, Birnbaum & Hammond, 2010). 야구 기사를 생성할 때 가장 중요한 것은 경기의 승패를 가른 분수령을 찾는 것인데 여기에 야구 분석 통계 기법인 세이버메트릭스(sabermetrics)가 사용됐다. 세이버메트릭스는 현대 야구의 여러 기록을 활용, 팀의 실질적인 승리 요인을 찾는 것으로 알고리즘은 이 수치 데이터 가치를 활용해 기사를 작성할 수 있었다. 알고리즘은 이런 경기 데이터는 물론 소셜 데이터 등 다양한 분석 자료를 수합해 기사 작성 수준에 경쟁력을 더해 가고 있다(김동환 · 이준환, 2015).

상당 언론사가 도입한 AI 기자와 로봇 저널리즘의 분야도 스포츠를 시작으로 경제와 교통, 날씨 등 영역에 집중된 것을 볼 수 있다. 이를 통해 객관적 데이터가 많은 영역에서 정해진 틀에 맞춰 기사를 작성할 수 있는 분야에 특화됐다는 해석이 가능하다(나은영 · 사영준 · 나은경 · 호규현, 2022). 수량적인 결과가 뚜렷하고 승리와 패배, 상승과 하락 같은 수치 기반 영역은 이미 AI 기사가 상당 부분을 차지하고 있다. 국내 미디어에서도 증권과 날씨와 더불어 야구나 축구에서도 AI 기자가 이미 상당량의 기사를 생성하고 있고, 갈수록 인간과의 차이점을 줄이고 있다.

AI 스포츠 기사 작성 과정과 한계

스포츠 분야에서 국내 프로 야구를 대상으로 AI 기사 작성 소프트웨어를 제작한 김동환과 이준환의 연구에 따르면, 알고리즘의 데이터 처리와 분석은 크게 5단계로 나뉜다. 첫 번째는 데이터를 수집하는 단계(Data Crawling)로, 이 연구에서는 프로 야구 중계 데이터를 수집해 연구를 진행했다. 두 번째는 수집된 데이터 중 의미 있는 이벤트를 추출하는 단계(Event Extraction)다. 규칙을 부여하기가 상대적으로 용이한 스포츠의 경우 비정형 데이터라 해도 이런 과정에서 유리함을 보인다. 세 번째는 이벤트에 가중치를 부여해 중요한 것을 선별하는 단계(Key Event Detection)로 알고리즘에 선별을 돕는다. 이런 식으로 스포츠나 금융 정보 기사를 통계적 방법론을 적용해 처리한다. 네 번째는 기사의 무드를 결정하는 단계(Mood Detection)로 각각의 경기 상황에 가중치를 적용, 데이터에 사람의 관점으로 여겨지는 네러티브를 만든다. 마지막 다섯 번째는 실제 기사를 생성하는 단계(News Article Generation)로 무드에 따라 선별된 이벤트를 적절한 문장을 통해 이야기로 만드는 과정이다. 이 부분에 대한 어색함이 지적되기도 하지만 앞서 작성된 관련들의 기사 딥러닝을 통해 지속적인 보완이 이뤄지고 있다.

별도의 장르로 구분되는 스포츠 영역에서 AI의 기사 작성은 활용 가치와 확장성이 크다. 경기 결과를 예측할 수 없고, 결말에 이르는 시점도 예측이 어려운 스포츠의 특성상 속도 경쟁에서 AI의 우위는 탁월하다. 단순한 결과 전달을 넘어 다양한 분석 자료가 넘치는 스포츠의 특성상 빅데이터 활용 면에서 우위를 점한 AI가 더 큰 확장 가능성도 지녔다 볼 수 있다. 과거와 다르게 포털과 소셜 미디어로 소비되는 특징을 감안, 일과 시간의 제한이 없는 AI가 이 분야에서 앞으로 더 최적화된 결과물과 접근성을 보일 가능성은 무궁무진하다. 좀 더 나아가 소비자 분석력과 플랫폼 범용성 면에서도 AI는 스포츠 기사 작성에 탁월함을 지녔다고 볼 수 있다.

스포츠 기사 작성 영역 또한 AI의 발전이 스포츠 미디어에 이미 익숙하게 자리한 사례로 꼽히는 이유다. AI와 스포츠 미디어의 첫 접점이라 할 만큼 오랜 기간을 지나오며 완성도가 높아지고 있다. 하지만 눈에 보이는 승패와 기록, 수치적 결과물을 넘어선 스토리가 주는 힘과 경기 이면에 대한 전달에서는 아직 한계도 분명하다. 사람이 직접 수행하는 경기에서 수치로 설명하기 힘든 흐름과 분위기, 눈에 보이지 않는 기록과 그라운드 바깥에서 펼쳐지는 이야기는 현장을 취재한 기자만이 알 수 있는 영역이다(권세진, 2018). 이 차이점은 현장을 데이터로 만날 수밖에 없는 AI 기자의 한계이기도 하다. 따라서 스포츠 기사 작성에서 인간과 AI는 상호 보완적으로 함께하며 서로 부족함을 채우는 관계로 발전하고 있다.

참고문헌

권세진(2018.7). 인공지능으로 기사 자동 작성하는 '로봇기자' 시대. ≪월간조선≫.

김기태(2010). 스포츠 저널리즘의 현황과 발전 과제. ≪한국언론학회 학술 대회 발표 논문집≫. 3-18쪽.

김동환·이준환(2015). 로봇 저널리즘 : 알고리즘을 통한 스포츠 기사 자동 생성에 관한 연구. ≪한국언론학보≫, 59(5), 64-95.

나은영·사영준·나은경·호규현(2022). 인공지능은 부정적 감정을 가라앉힐 수 있을까? : 인공지능 작성 기사와 인간 작성 기사가 수용자의 감정과 판단에 미치는 영향. ≪한국방송학보≫, 36(2), 73-115쪽.

송해룡(1999). 『미디어 스포츠와 스포츠 커뮤니케이션』. 커뮤니케이션북스.

박서연(2020.11.14). MBN 김주하 인공지능 앵커가 무서웠던 이유를 물었다. ≪미디어오늘≫

박선옥(2018.11.12). 세계 최초 인공지능 앵커 등장, 중국 신화통신: 실제 앵커 목소리 표정 등 합성 '가짜라서 불편한 느낌도'. ≪스카이데일리≫.

이동한·정한울 (2019.8.10). 여론 속의 여론: AI가 쓴 기사에 '바람직' 24% 그쳐, 아직은 거부감 더 많아. ≪한국일보≫.

최만수·김동규(2017). 스포츠미디어 저널리즘의 사회적 책무와 윤리성 구현. ≪움직임의 철학≫, 25(1), 101-118쪽.

Allen, N. D., Templon, J. R., McNally, P. S., Birnbaum, L., & Hammond, K. J.(2010). *StatsMonkey: A Data-Driven Sports Narrative Writer*. In AAAI Fall Symposium: Computational Models of Narrative.

Motiz, Brian(2014). *Rooting for the story: Institutional sports journalism in the digital age*. Syracuse University.

04
AI가 만든 방대한 스포츠 빅데이터

AI가 스포츠 영역에 진출하며 보여 준 최대
강점은 빅데이터가 필요한 수치와 영상에 있다.
시간 단축, 오류 감소 그리고 적절한 취합과
선택에서 AI는 미디어와 구단 모두에
절대적으로 그 가치가 커졌다.

빅데이터의 등장과 AI

4차 산업혁명은 사물 인터넷과 자율 주행 그리고 빅데이터와 인공지능 같은 첨단 기술을 바탕으로 사회 전반에 엄청난 영향을 주고 있다(유수정, 2017). 특히 데이터의 엄청난 증가세는 영역을 가리지 않으며 빅데이터 시대를 열었다. 스마트 기기 활용 증대와 SNS 보편화 등은 데이터 발생을 가속화해 실시간으로 만들어지는 텍스트와 영상 등 비정형 데이터는 이제 일반적인 관리로 처리할 수 없는 지경에 이르렀다.

1990년대 중반부터 사용된 빅데이터라는 개념은 초기 자료 저장과 관리 측면에서 다루어져 왔다. 소프트웨어가 일정 시간 내 저장 및 처리할 수 없는 크기의 데이터라는 정의가 초창기 빅데이터의 일반적 개념이었다(Mashey, 1999). 2000년대에 접어들어 좀 더 세분화된 개념으로 정립된 빅데이터는 데이터의 양(volume), 생성 속도(velocity), 다양한 형태(variety) 관점에서 설명되다가(Laney, 2001), 2010년대에 접어들어서 대용량 자료를 저장하고 처리하는 걸 넘어 실시간 데이터 처리(velocity)와 데이터 형태의 다양성(variety), 정확성(veracity)과 가치(value) 같은 여러 관점으로 새롭게 설명되고 있다.

방대한 양의 데이터가 빠르게 늘어나는 추세여서, 이

제 더 이상 정보 자체에 대한 분석에 머물 수 없는 시대에 접어들었다. 정보 처리는 물론 이에 대한 융합과 공유, 분석은 빅데이터의 존재 그 이상의 가치를 만드는 시대로 빠른 이동을 원하고 있다. 이런 변화는 AI 기술 활용에 대한 요구를 높이는 요소다. 이미 AI를 통한 빅데이터 이용은 사회 전반에서 빠르게 선보여지고 있으며, 우리 주변에서도 익숙하게 접할 수 있다(강승애, 2022).

AI는 빅데이터를 활용하는 핵심 기술로 자리하며 빅데이터의 방대한 비정형 정보를 스스로 이해하고 그로부터 의미 있는 정보를 추출한다. 빅데이터의 성공적 활용을 위해 AI의 가치가 높아졌다면, 그 가치를 실질적으로 구현하기 위해서는 충분한 데이터가 필요하다. 즉, 이 두 개의 새로운 미래 동력 자원은 상호 보완적 진화를 주고받는 요소로 자리한다.

빅데이터가 늘어 가는 스포츠

스포츠 현장에서도 기술 발전과 함께 과거와 비교할 수 없는 분량의 데이터가 더해지고 있다. 빅데이터 분석과 스포츠를 떠올리면 흔히 경기 기록, 선수들의 컨디션과 부상, 트레이닝 등 경기력과 연관된 분야를 떠올릴 수 있다. 대표적으로 야구에서 익숙하게 활용되고 있는 '세이버메트릭스(Sabermetrics)'가 있다. 세이버메트릭스를 통해 수많은 데이터의 통계학적 · 수학적 분석을 이뤄 내고 이를 선수 기용과 작전에 활용, 팀 성적 향상을 이뤄 내는 것이다. 이는 이미 미국을 시작으로 국내에서도 폭넓게 활용되고 있다(한남희 · 양도업 · 최세희, 2020). 수학 전공자나 데이터 전문가들이 프로 구단에 새로운 분야를 열고 팀 구성원으로 함께하는 것이 이미 전 세계적으로 익숙한 흐름이 된 것이다.

스포츠에서 빅데이터 활용은 이런 경기력 분야에만 국한되지 않는다. 일반적으로 언급됐던 다양한 생체 신호를 바탕에 둔 경기력 분석과 실시간 지수 등 경기 상황에 대한 데이터부터 스포츠 마케팅 관점의 팬에 대한 분석과 수요 예측, 사회적 요소에까지 다양하다(조정환, 2012). 초기에는 현장에서 발생한 경기력 향상과 관련한 요소가 주된 자료였다면, 최근에는 관람이나 시청, 마케팅과 정책 분야까지 다양한 데이터가 더해지고 있다.

빅데이터의 이런 확장성은 스포츠 매니지먼트 분야의 빅데이터 활용에 대한 방향성 논의로도 이어진다. 과거 스포츠 현장의 데이터 활용이 경기력 향상에 초점이 맞춰져 있었다면 최근에는 티켓 판매, 조직의 효율적인 운영, 마케팅 전략 등 여러 방면에서 활용되고 있다. 구체적으로는 경기를 관전하거나 시청하는 이들에 대한 다양한 정보를 통해 마케팅 전략을 수립하는데, 이들이 소셜 미디어를 통해 어떤 반응을 보이는지, 특정 팀의 조직 행동에는 어떤 특성이 있는지, 팬끼리 어떻게 상호 작용하는지에 대한 것까지 분석해 활용이 가능해진 것이다(Watanabe et al. 2021). 경기력 향상부터 구단 운영 방향까지 빅데이터를 통해 수합하지 못할 정보는 없는 시대가 되었고, AI는 스포츠에서 빼놓을 수 없는 요소로 빠르게 자리하고 있다.

경기력을 끌어올린 빅데이터

스포츠 분야에서 AI의 빅데이터 분석 결과는 다양한 활용이 가능하지만, 무엇보다 활용도가 큰 부분은 역시 경기력 향상 측면일 것이다. 스포츠는 선수와 경기의 기록들이 정량화되어 있어 빅데이터 구축 및 AI 적용에 적합하다. 빅데이터와 인공지능 기술이 스포츠 분야에서 그 진가를 발휘한 가장 대표적 사례는 'SAP 스포츠 원' 솔루션이다. SAP는 2014년 빅데이터 솔루션인 SAP '매치 인사이트' 솔루션을 통해 2014년 브라질 월드컵에서 독일 축구 대표팀 우승을 이끌었다는 평가를 받는다. 이런 성공을 바탕으로 독일축구협회(DFB)는 SAP와 AI 기반 데이터 분석 기술을 발전시켜 경기 및 훈련 영상에서 수집한 방대한 양의 데이터를 통합 관리해 신속하고 정확한 전략 구상을 지원하고, 개인별 분석 영상과 정보 등을 실시간으로 제공해 스포츠 빅데이터와 AI 결합의 대표적 성공 사례를 만들었다. 스포츠 분야에서 최신 기술을 이용해 경쟁 우위를 차지하려는 노력은 AI 발전 속도를 향상하며 빠른 진화를 거듭하고 있다(유수정, 2017).

팀의 발전과 함께 선수 개인의 경기력 향상과 부상 방지도 빅데이터 분석으로 가능해진다. 이미지 트래킹을 통해 선수들의 움직임을 다채로운 데이터로 제공해 경기력 향상을 이끌고, 데이터 기반 AI 시뮬레이션을 통해 부상 예방 조치를 수립하기도 한다. 물론 심판 판정에도 이런 데이터의 조합이 영향을 주며 종목별 오심 논란도 획기적으로 줄이고 있다. 이런 변화는 스포츠 영역에서 각종 종목이나 리그의 긍정적 발전이라는 궁극의 목표에 한 발 더 다가서는 힘이 된다.

스포츠 미디어와 빅데이터

대용량 데이터의 원활한 활용과 스포츠 현장에서의 적용은 특히 시각적 데이터의 방대함을 활용하는 순간 극대화된다. 중계 기술 진화로 고화질 서비스가 제공된다는 건 엄청난 데이터가 요구된다는 것을 뜻한다. 고용량 영상 데이터를 송출하고 저장하는 것이 불가능했던 과거와 달리 그것이 가능해진 건 기술 발전의 결과다. 이런 변화는 단순히 시청자들의 시각 편의와 수준을 높이는 차원을 넘어 스포츠 현장에서 가치 있는 데이터 활용으로도 이어진다.

NBA의 경우, 카메라를 추가 설치해 각 선수의 움직임을 추적하고 집계해서 과거 슈팅과 리바운드 개수 카운트 같은 기초 통계를 넘어 생체 정보 공유가 가능한 시스템을 갖췄다. 슛 위치와 리바운드 성공을 위한 위치 데이터 역시 빅데이터 학습을 통해 도출이 가능하다(황수웅 · 양혜주 · 황선환, 2022). 이와 같은 영상 기반 빅데이터는 선수들의 기량 향상과 구단의 전력 보강 자료로 활용되는 것은 물론 시청자들에게도 시각화된 정보를 제공해 과거에는 경험할 수 없던 재미를 선사한다(강승애, 2022). 이런 흐름은 2000년대 이후, 국내에서도 급격하게 빨라졌고, 프로 야구를 중심으로 데이터 업체를 통한 자막 시스템이 구축되었다. 이는 오래전 이뤄진 첫 변화 사례다. 최근에는 투구 추적과 같은 진화로 이어지고 있으며, 시청자들의 욕구 충족을 위한 보조 수단을 넘어 중계의 차별화를 만드는 요소로 자리하고 있다.

스포츠 미디어 분야에서 빅데이터는 매출 증가 효과도 기대하게 한다. 팬이 참여 가능한 플랫폼과 각종 비디오 플랫폼, 소셜 데이터를 활용해 팬의 데이터를 취합·분석해 마케팅에 활용할 수 있다. 레알 마드리드는 이런 데이터와 AI 활용이 매출 향상으로 이어진 대표적 사례다. MS 클라우드 서비스를 활용한 PaaS(Platform as a Service) 솔루션을 구축해 전 세계 팬들의 데이터를 취합·분석한 후 마케팅에 적극적으로 활용해 매해 수익이 증가하는 결과를 만들었다(강승애, 2022). 미디어를 바탕에 둔 스포츠 분야의 확장은 이렇게 전방위적으로 그 효과를 나타내고 있으며, 속도는 상상을 초월할 만큼 빠르다. 전 세계 빅데이터 시장 성장 예측치는 연평균 10%가 넘으며, 시장 자체도 커지고 있다. 이런 변화는 스포츠 영역에서, 또 스포츠 미디어에서도 다르지 않다. 승리를 담보하는 빅데이터는 스포츠 상품화도 가속화한다(한남희·양도업·최세희, 2020). 더 이상 빅데이터가 빠진 스포츠 콘텐츠는 상상할 수 없는 시대가 된 것이다.

참고문헌

강승애(2022). 스포츠 현장에서의 빅데이터와 인공지능 활용 동향. ≪융합보안논문지≫, 115-120쪽.

조정환(2012). 스포츠 빅데이터 활용과 전망.
≪한국체육측정평가학회지≫, 14(3), 1-11쪽.

유수정(2017). 4차 산업혁명과 인공지능.
≪한국멀티미디어학회지≫, 21(4), 1-8쪽.

한남희·양도업·최세희(2020). 4차산업혁명과 스포츠융복합산업의 적용 사례 분석. ≪한국스포츠학회지≫, 18(3), 821-834쪽.

황수웅·양혜주·황선환(2022). 스포츠 빅데이터 활용 이슈와 미래 방향성 고찰. ≪한국융합과학회지≫, 11(5), 53-70쪽.

Laney, D.(2001). *3D data management: Controlling data volume, velocity and variety.* META group research note, 6(70), pp.1-4.

Mashey, J. R.(1999). *Big data and the next wave of {infrastress} problems, solutions, opportunities.* 1999 USENIX Annual Technical Conference.

Watanabe, N. M., Shapiro, S., & Drayer, J.(2021). *Big data and analytics in sport management.* Journal of Sport Management, 35(3), pp.197-202.

05
스포츠 중계의 진화와 AI

미디어 분야 기술의 총집합이자 스포츠 미디어의 꽃이라 불리는 중계방송은 혁신적 기술 발전의 상징이다. 화질이 좋아지고 다양한 자료를 축적해 보여 주는 중계방송에서 데이터 증대와 처리 속도 향상에 AI는 조금씩 저변을 차지하더니 점차 영역을 넓히고 있다.

방송을 택한 스포츠

초기 스포츠 미디어의 주를 이뤘던 인쇄 매체는 급격한 기술 발전과 함께 영상을 기반에 둔 전자 매체로 대체되었다. 자본주의 사회에서 미디어가 생산하는 여러 콘텐츠 중 스포츠의 상업적 가치 측면을 무시할 수 없다. 생산 비용 대비 막대한 이윤을 줄 수 있는 미디어 상품으로서 방송 시장을 놓고 보면 특히 단순한 프로그램 이상의 상품적 가치를 바탕으로 시청자들의 열광적 지지와 광고주의 선호를 끌어내고 있다(송해룡, 2001).

TV 발전에서 스포츠와 미디어 관계의 복합성에 대해, 둘의 관계는 '스포츠/미디어의 복합체(the sports/media complex)'라는 표현에서 보듯 상호 분리가 불가능하다는 주장까지 나온다(Wenner, 1998). 공생 관계라 해서 반드시 동등한 지위인 것은 아니다. 때로 종속적인 관계로도 존재하며 취득한 것들을 공유할 수 있는 복합적인 관계라는 의미를 담고 있다(이태영, 2002). 스포츠 콘텐츠와 미디어의 공생은 경제적으로 큰 의미를 띠고 있는 것과 함께 산업 발전의 경쟁력에 엄청난 영향을 주고 있음을 보여 준다. 콘텐츠 생산의 중요성이 불러온 결과라 할 수 있다.

미디어 발전 이끈 스포츠 중계

미디어 발전은 스포츠 중계의 발전과 역사적 흐름을 같이했다고 해도 과언이 아니다. 1920년 미국 피츠버그에서 라디오 방송사인 KDKA가 설립된 이후 영국과 프랑스, 독일과 일본에 이어 1927년 우리나라에서도 라디오 방송이 시작됐다(윤득헌, 2008). KDKA의 경우, 1921년 세계 최초로 '복싱'을 라디오 중계방송으로 전했다. 15년 뒤인 1936년에는 베를린 올림픽이 실황 중계됐는데 국제대회와 미디어의 첫 결합 사례로 기록된다. 나치 정권의 정치적 목적에 동원된 수단이었지만 스포츠를 미디어에 활용한 첫 성공 사례로 남았다(송해룡, 2001).

1930년대까지만 해도 TV 보급률 자체가 낮았던 점을 고려할 때 스포츠 중계의 시작은 미약했지만, 베를린 올림픽 이후 TV 중계방송에 관한 관심이 높아졌고, 이는 TV 산업 자체를 크게 성장시켰다. TV를 통한 스포츠 중계의 첫 시도가 있은 지 1년 뒤, 1937년 영국 BBC가 윔블던 테니스를 TV 중계로 방송했고, 미국에서도 같은 기간 최초의 메이저 리그 야구 중계가 이뤄진다. 첫 야구 중계는 단 두 대의 고정된 카메라에 의존했고, 신호 수신이 가능했던 수상기 역시 뉴욕시에 400여 대에 불과했지만, 이런 시도는 미디어 산업의 획기적 발전으로 이어졌다(하상욱, 2014).

1940년대 들어 방송 기술 발전은 스포츠 프로그램 다양화를 동반했고 중계 기술도 발전을 거듭했다. 초기 TV라는 매체에 권투가 적합하다는 판단과 함께 다양한 기법이 중계방송에서 시도되기 시작했다(김원제, 2005). 가정에서 고가의 TV를 보유하기 힘들었기 때문에 초기에는 선술집을 중심으로 스포츠 시청 문화가 자리 잡더니, TV 수상기 가격 하락으로 1950년대 미국에서는 보급 대수가 400만 대로 급증했고, 이는 TV 산업 활성화로 이어졌다. 결국 스포츠 중계에 대한 수요가 TV 산업 활성화에 핵심적 역할을 했다고 볼 수 있다.

컬러 TV의 도입과 HD급 디지털 TV의 보급, 3D TV와 같은 신기술부터 UHD 방송에 이르기까지 중요한 변곡점마다 스포츠 중계가 자리했다. 1964년 도쿄 올림픽에서 처음 위성 중계가 도입되고, 1970년 멕시코 올림픽에서 컬러 TV 중계가 시도됐다(송해룡, 2001). 국제 대회와 함께 이런 변화가 꾸준히 이어져 2002년 한일 월드컵에서 첫 HD 제작이 시도됐고, 2004년 아테네 올림픽에서는 고화질 중계가 정식 도입되기에 이른다.

기술 발전의 첫 관문, HD 스포츠 중계

스포츠 콘텐츠 제작에서 가장 획기적인 변화의 시작은 2000년대 들어 본격화된 HD 중계를 들 수 있다. 기존 아날로그 방식과 중간 단계라 할 SD 방식을 넘어 HD로의 전환을 통해 제작 기술 자체는 혁명적인 변화를 보여 줬다. 화면 자체의 비율도 4 대 3에서 16 대 9로 바뀌었고, 제작 화면 구성도 이에 맞춰 변했다(하상욱, 2014). 단순히 HD라는 방식 자체를 넘어 이 변화는 여타의 방식에 변화를 수반했다.

디지털 바탕의 기술 발전으로 상징되는 HD 중계에서 스포츠 중계의 틀을 바꾼 또 하나의 변화는 슬로 모션 장비인 LSM(Live Slow Motion) 도입이다. 기존 테이프 녹화를 통해 하나의 카메라에 담긴 장면을 다시 천천히 재생하는 형태에 그쳤던 슬로 모션은 LSM의 도입으로 개념이 바뀌었다. 실시간으로 여러 대 카메라의 정보가 디지털로 변환되어 동시 재생과 편집이 가능해진 것이다. 다각도에서 촬영한 연속 동작 송출이 가능해지면서 스포츠 중계는 과거와 완전히 다른 형태의 콘텐츠로 진화했다. 이 변화는 방대한 데이터 처리가 가능해진 기술 발전을 바탕에 둔 것으로 스포츠 미디어의 콘텐츠 제작에서 기술 발전이 결과물의 차이를 만든 대표적 사례로 꼽힌다.

기술 진화는 컴퓨터 그래픽에도 차이를 만들었다. 과거 2D 시스템일 때와 달리 3D 시스템을 통해 다양한 형태의 디자인으로 가독성 증대, 실시간 데이터 활용이 가능해졌다. 단순한 기록이 아닌 분석된 데이터를 코더화해 전달함으로써 스포츠 분야에서 다양한 데이터의 가치를 시청자들에게도 쉽게 알릴 수 있었다(김용은, 2016). 이런 데이터는 중계 기술의 발전과 함께 진화를 거듭했고 스포츠 미디어, 그 상징이라 할 오늘의 스포츠 중계방송을 만든 요소로 꼽힌다.

기술적 융복합에 이어진 스포츠 미디어

미디어 분야 전반이 다양한 기술 발전에 영향을 받는 가운데 스포츠 미디어 역시 양적, 질적 성장 속도가 가파르다. 인터넷과 모바일 서비스를 바탕으로 개인 미디어 개념이 도입되면서 스포츠를 소비하고 공유하는 문화 역시 바뀌고 있다. 정보와 지식의 생산 및 소비 행태가 다양해졌고, 스포츠 문화 자체의 새로운 창출까지 함께한다(김용은, 2016). 변화의 흐름은 AI의 도입으로 대표되는 기술 발전에 발맞춰 그 속도를 더하고 있으며, 취향의 변화보다 기술 발전 속도가 더 빠른 상황이다. 전체 흐름의 변화는 더 이상 인간 선택의 영역이 아니다.

IT 기술의 발전은 그에 걸맞은 스포츠 콘텐츠 제작과 유통이라는 새로운 변화를 이끌고 있다. 영상이라는 방식은 여전히 유사하지만 TV에서 모바일, 기존 방송사에서 포털로의 매체 전환이 급속하게 이뤄졌다. 스포츠 콘텐츠 확보 경쟁도 치열해졌다. 최근에는 스포츠 미디어 시장에 OTT가 새로운 주도 세력으로 떠올랐다. 포털에서도 스포츠 소비가 활발히 이루어지면서 쌍방향 커뮤니케이션과 같은 과거에는 없던 기능을 보여 줬고, 이런 시도는 광고에도 큰 영향을 주고 있다(김지혜 · 임정수, 2008). 이런 변화는 각 개인의 스포츠 미디어 소비 형태와 함께 중계권료 및 관련 산업 전반에 새로운 전환점을 만들 요소로 꼽힌다.

스포츠 미디어 발전의 절정, AI중계

스포츠 미디어 발전의 절정에서 AI가 직접 중계를 제작, 방송하는 시대에 이르는 건 어쩌면 당연한 순서다. 기술적으로 가능한 영역에 대해 구조적 개발 비용이 문제였던 것을 발전된 기술이 극복한 것이다. 스포츠 미디어 분야의 기술 발전에서 나타난 가상 현실 융합과 증강 현실 같은 기술은 결국 AI를 통한 중계 제작에 이르고 있다. 기존의 중계 서비스를 넘어선 새로운 시청 경험과 비용 절감을 통한 수익 확보 측면에서 스포츠 중계의 변화 요구는 커졌고, AI를 기반으로 한 자동 중계 방식과 증강현실 기반의 중계는 비용과 관심 측면에서 탁월한 효과를 보여 준다(이지혜, 2020).

고가의 카메라 장비와 중계차, 다수의 전문적인 촬영 및 편집 인력을 대신해 효율적으로 중계를 할 수 있는 AI 중계 시스템은 스포츠 영상 제작에 새로운 변화를 불러온다. 단순히 영상 제작만 가능한 것이 아니라 경기 흐름을 인식하고 적절한 해석을 통해 음성으로 상황을 전달하는 것 역시 가능하다. 인간의 영역에서도 실수가 있었던 생방송 분야에서는 AI 중계가 기술적으로 안정적인 방송에 더 유리한 사정도 존재한다. AI를 통한 중계방송은 현존하는 모든 방송 시스템 영역을 통괄해 펼쳐 보일 수 있는 수준까지 이르고 있다.

이런 서비스를 가능케 한 배경에는 과거에 비해 용량과 송출 속도에서 혁명적인 변화가 있었다는 사실이 크게 자리한다. 이런 기술적 발전을 바탕으로 탁구와 축구, 야구와 같은 종목에서 AI 중계 제작 시도가 꾸준히 이어지고 있으며, 실시간으로 서비스가 제공된다(오자왕, 2022). 선수들의 움직임을 딥러닝 기술로 인지하고, 양방향 데이터 기술을 활용해 기존보다 폭넓은 시청자에게 서비스한다. 각종 중계 데이터 역시 기존 중계방송에 다양한 형태로 제공되면서 AI 중계는 이미 우리 시청 습관에 익숙하게 자리하고 있다.

참고문헌

김용은(2016). 스포츠 미디어 환경 변화에 대한 구조적 접근. ≪한국스포츠사회학회지≫, 29(4), 25-50쪽.

김원제(2005). 『미디어스포츠 사회학』. 커뮤니케이션북스.

김지혜·임정수(2008). 미디어 발전 단계별로 본 미디어와 스포츠 콘텐츠의 산업적 측면에서의 상호작용. ≪인문콘텐츠≫, 13, 65-89쪽.

송해룡(2001). "스포츠 방송 중계권과 관련한 새로운 양상 및 쟁점에 관한 고찰 : 월드컵방송 중계권을 둘러싼 갈등 상황을 중심으로". ≪한국방송학보≫, 15(2), 155-196쪽.

송해룡(2001). 스포츠 중계권의 수급 현황과 공영방송의 편성 전략. ≪방송문화연구≫, 13, 137-166쪽.

오자왕(2022). 인공지능 기반 스포츠 중계방송 서비스의 등장과 발전. ≪서울스포츠≫, 2022.11-12.

윤득헌(2008). 『스포츠와 미디어』. 레인보우북스.

이지혜(2020). 인공지능 기반의 스포츠 중계 기술 혁신. 한국방송통신전파진흥원.

이태영(2002). 부산 아시안게임의 보도 방향. ≪관훈저널≫, 43(3), 통권(83), 131-139쪽.

하상욱(2014). 한국 TV 스포츠 중계방송의 제작 양식 변화에 관한 연구. 건국대학교.

Wenner, L. A.(1998). *Media Sport(ed.)*. NY: Routledge.

06
AI 스포츠 중계 연출

중계방송의 진화를 책임진 AI가 이제는 중계방송을 제작하는 수준에 이르렀다. 시청자 요구에 맞춰 시청자가 원하는 화면을 선택하고, 필요한 장면을 연출하는 수준까지 올라서면서 스포츠 PD가 된 AI, 그 진화는 현재 진행형이다.

스포츠 중계, 사람이 사라진다

일반적인 야구나 축구 중계에는 20~30명 이상 인력이 투입된다. 중계를 담당하는 스포츠 PD부터 음향과 비디오 등을 담당하는 엔지니어, 그리고 열 대 넘는 카메라마다 각각 카메라 감독이 자리한다. 대규모 인력과 장비가 투입되는 스포츠 중계 현장은 방송 기술의 절정을 담은 콘텐츠라 할 수 있다. 스포츠 현장의 생생함을 전하기 위해서는 전문적인 인력이 필요하고 비용도 많이 든다. 그러다 보니 대형 스포츠 이벤트에 익숙하게 함께하는 중계방송이 아마추어 경기나 비인기 종목에는 허락되지 않는 경우도 잦았다.

방송 시장의 급격한 변화에 전통적인 TV 시청자가 놓인 현실이 더해지면서 중계권료 증가라는 시대 변화는 스포츠 중계의 현실을 더욱 어렵게 만들었다. 새로운 시청 경험에 대한 요구와 수익성 확보를 위한 목소리 사이에서 제작비를 90% 이상 절감할 수 있는 AI 기반 자동화 중계방송이 주목받기 시작했다(이지혜, 2020). 자동 영상 처리 기술을 이용해 새로운 시청 경험을 제공하면서 더 이상 대규모 인력 투입은 불필요한 시대가 된 것이다.

AI를 통한 중계방송은 이런 시대에 확실한 변화를 불러오고 있다. 카메라 감독이 제어하던 각각의 장비에는

5G 네트워크가 연결되고, AI의 제어를 통해 최적의 중계 화면이 송출된다. 인공지능을 통한 중계 제작이 촬영부터 제작 PD의 역할, 그리고 영상 편집과 그래픽 송출까지 자동으로 가능한 시대로 접어들었다(오자왕, 2022). 이스라엘의 스포츠 콘텐츠 제작사 픽셀롯(Pixellot)은 AI를 통해 매월 약 10만 시간 분량의 스포츠 경기 콘텐츠를 생산한다. 2019년을 기준으로 축구와 농구, 하키 등 스포츠 경기 22만 건을 생중계하며 스포츠 콘텐츠 제작에서 세계 최대 규모를 자랑하고 있다(이지혜 2020). 대체로 국내 스포츠 전문 방송사가 하루 생중계하는 방송이 서너 개 정도인 것을 고려하면, 이는 인력 투입으로 해결하기 힘든 규모의 엄청난 분량이다. 자본과 인력의 영역에서 AI는 이미 엄청난 차별화를 구현하며 앞서 가고 있다.

공과 사람 머리를 구분 못 했던 AI

초기 AI를 활용한 중계방송은 사람이 만든 것보다 매우 부족한 모습이었다. 2020년 스코틀랜드 2부 리그 축구 중계에 도입됐던 AI 중계 카메라는 자동으로 공을 추적하도록 설정됐지만, 화면이 자꾸 공이 아닌 심판을 비추며 혼란을 일으켰다. 심판의 대머리를 AI가 축구공으로 착각해 벌어진 이 촌극으로 인해 중계진은 경기 내내 사과해야 했다. 영세한 구단 사정에 인력을 줄이기 위해 AI 카메라를 설치했다가 발생한 해프닝이었다(이명노, 2020).

초기 AI 카메라의 이런 실수는 데이터를 축적하면서 빠른 진화를 보여 주고 있다. 딥러닝 기술로 선수들의 움직임을 더 정교하게 추적하고, 프레임 정확도를 향상시키고 있다. 특히 코로나19로 인해 경기장 방문이 줄어들면서 중계 수요는 증가했고, 과거 중계가 어려웠던 리그나 종목에서 이와 같은 AI 중계가 주목받기 시작했다(이지혜, 2020). 기술 발전과 시대의 요구가 결합해 AI는 진화의 기회를 얻었고 특히 스포츠 중계 영역을 AI가 빠른 속도로 차지하고 있다. 프로 스포츠 무대에서는 아직 낯선 AI 중계가 아마추어 영역에서는 활발하게 이루어지기 시작했다.

스포츠 중계, AI 공간 인식이 첫걸음

입체적이며 예측이 쉽지 않은 스포츠 중계에서 AI가 그 임무를 수행하려면 공간 인식이 우선 필요하다. 스포츠 경기에 대한 규칙, 경기장 규격 등을 기본적으로 학습한 AI는 실시간 입력된 영상으로 위치를 추적하고, 그 값을 통해 연출의 기본 요소들을 인지해 중계를 제작한다. 이 과정에서 중요한 것이 바로 호모그래피(Homography)

라는 개념이다.

3차원 공간상의 평면을 다른 시점에서 바라볼 때, 획득한 영상 사이의 관계를 뜻하는 호모그래피는 카메라로 여러 특징을 촬영한 뒤, 기하학적 관계를 통해 회전과 변위를 측정하고 이를 수학적으로 나타낸다(김영주 · 최재혁 · 방효충, 2011). 획득된 호모그래피를 바탕으로 AI 카메라는 측정값들의 교정을 통해 경기를 촬영하는 과정에 이른다. 이런 과정을 위해 경기장 영역을 모두 담은 파노라마 이미지를 만든 AI는 선수들의 움직임을 인식하고 추적해 경기를 중계한다. 경기장에 대한 인식과 행동에 대한 추적, 경기 이벤트에 대한 인식 과정으로 중계방송이 이뤄지는 것이다(최아영 · 최효성 · 이동성 · 천진우 · 류관곤 · 정성훈, 2023).

무인 다중 카메라를 바탕에 둔 촬영을 통해 경기장 전체를 공간화한 AI는 시작부터 종료까지 방송을 일관된 형태로 제작하고, 원격 프록시 비디오 제작을 통해 인력 투입을 최소화한다. 선수 혹은 공의 움직임을 자동으로 추적하는 것을 바탕으로 각각의 상황에 따라 줌인 · 줌아웃을 선택해 화면을 다채롭게 구성한다. 경기 흐름에 맞춰 화면을 구성하는 것은 물론 편집을 통해 경기 흐름을 인식한 AI가 각각의 장면에 필요한 부분을 확대하거나 리플레이를 삽입해 송출한다. 경기 내용에 따른 통계 자료도 AI가 스스로 판단해 삽입하면서 기존 중계 형식에 부합하는 콘텐츠, 그 이상을 만들어 내고 있다(이지혜, 2020).

AI로 진화하는 스포츠 중계

AI 중계로의 변화가 무인화로만 이어진 것은 아니다. 과거 단순히 경기 상황을 전하던 중계에서 엄청난 데이터와 볼거리를 담은 중계로의 진화 또한 AI를 바탕으로 가능해졌다. 야구 중계의 경우, 과거 텍스트 기반의 상황 설명이 오늘날 시각적인 분석으로 변화한 걸 흔하게 볼 수 있다. 투수의 공에 대한 분석, 속도, 구종 등이 실시간 노출되고, 주요 장면은 360도에서 촬영된 동영상으로도 다시 볼 수 있다. 홈런 타구의 속도와 발사각도 시각적인 효과로 표현된다. 모두 군사용 레이더 시스템을 기반에 둔 '트랙맨(Trackman) 시스템'을 통해 가능한 것으로 AI의 처리 속도가 뒷받침되고 있다.

축구도 시각적인 변화가 이뤄지고 있는 대표적 종목이다 . 스페인 리그의 경우, 3차원 영상을 구현하기 위해 운동장 둘레에 서른여덟 대의 4K 카메라를 사용한다. 모바일로 중계를 즐길 경우, 다양한 시점에서 같은 상황을 다시 볼 수 있다. NFL의 경우, 선수들의 어깨에 RFID 태그를 심어 동작 데이터를 누적하고 다양한 데이터를 제공한다.

스포츠 중계가 시청자들에게 제공하는 정보 자체는 급격한 변화를 더해 가는 추세다. AI의 딥러닝을 통해 경기 상황에 대한 다양한 예측도 이뤄지고 이를 실시간으로 제공한다. F1 중계에서는 각각 차량에 120개가량의 센서를 탑재, 특정 차량의 추월 가능성을 AI 알고리즘을 통해 중계 화면에 표시한다. MLB에서는 선수의 도루 순간 실시간 확률을 계산해 보여 준다. 이런 변화는 AI 진화를 통해 달라진 시청 경험이라는 새로움을 익숙하게 만들어 준 대표적 사례라 할 수 있다.

AI 중계 효과? 더 많이, 더 다양하게

이스라엘 픽셀롯(Pixellot)에 따르면 현재 정식 등록된 스포츠 리그 게임 중 99%가 중계 혜택을 받지 못하고 있다. 그런 점에서 본인들이 주도하고 있는 AI 중계의 확장 가능성은 무한에 가깝다고 주장한다. 과거 TV와 라디오 등이 스포츠 중계의 주체였다면, 다양한 온라인 플랫폼이 존재하는 시장 상황에서 인공지능과 자동화 기술을 이용한 이들의 'AI-오토메이티드(AI-Automated)' 중계방송은 성장 잠재력이 무궁무진하다(이지혜, 2020).

다수의 인력과 고비용이 요구되는 방송사의 스포츠 중계보다 운영 비용 효율이 높은 중계를 통해 다양한 종목에서 중계가 가능해지고 있다. 독일이나 멕시코에서 아마추어 리그 중계가 이뤄지고 있으며 미국의 대학이나 고등학교 스포츠팀 경기도 경기장에 설치된 AI 중계 시스템을 통해 중계방송이 가능해졌다.

이런 변화 속에서 눈길을 끄는 국내 기업의 활약도 있다. 2024년 4월 최대 방송 장비 전시회 NAB가 열린 미국 네바다 라스베이거스 컨벤션 센터(LVCC)에서 사상 처음으로 AI가 '스포츠 중계'를 전담했다. 국내 AI 스포츠 중계 기업 픽셀스코프(PixelScope)가 선보인 것으로, 이 기술은 이미 1년 전 전미 탁구 리그 결승전을 무인 중계하며 화제가 된 바 있다. 저비용으로 수준 높은 결과물을 만든 AI 중계 기술로 주목을 받았다(한정훈, 2024).

다른 업체들의 진입도 활발하게 이뤄지면서 3대 3 농구, 중등 축구 대회에서 AI 스포츠 중계 플랫폼을 이용한 사례가 늘어나고 있다(서정환, 2022). 학원 스포츠에서 이런 변화는 학부모들이 손쉽게 시청할 수 있다는 매력적 요소와 선수들이 본인의 경기 장면을 복기할 수 있다는 경기력 향상 측면에서 모두 유용한다. AI를 통한 무인 중계가 비인기 종목, 학원 스포츠의 저변 확대 및 관심 증대를 이끌며 새로운 시대에 걸맞은 변화를 불러온 것이다(성유진, 2024).

참고문헌

김영주·최재혁·방효충(2011.11.09). 호모그래피를 이용한 영상 기반 항법 연구. ≪한국항공우주학회 학술발표회 초록집≫, 용평.

서정환(2022.8.5). AI가 축구 대회를 알아서 중계한다고? AI스포츠중계 시스템은 무엇? ≪OSEN≫.

성유진(2024.5.3). 골프·야구 하이라이트 영상, AI가 뚝딱 …무인 스포츠 중계 시대 열려. ≪조선일보≫

오자왕(2022). 인공지능 기반 스포츠 중계방송 서비스의 등장과 발전. ≪서울스포츠≫, 2022.11-12.

이명노(2020.11.3). AI의 슬픈 착각 '대머리가 공인 줄 알고…'. MBC.

이지혜(2020). 인공지능 기반의 스포츠 중계 기술 혁신. 한국방송통신전파진흥원.

최아영·최효성·이동석·천진우·류관곤·정성훈(2023.12.20). 영상 기반 선수 추적 및 이벤트 인식 기술을 활용한 AI 기반 스포츠 경기 중계 기술. ≪한국정보과학회 학술발표논문집≫, 부산.

한정훈(2024.10.2). 가성비 좋은 무인 스포츠 중계...AI 보조 해설 한몫. ≪PD저널≫.

07
해설하는 AI

미디어 분야에서 AI가 활약을 펼치는 방송에서는 AI가 어느덧 사람들이 하던 고유한 영역까지 노리고 있다. 지역 방송이나 지자체에서 도입한 AI 아나운서는 스포츠 미디어 영역에서 캐스터는 물론, 경기 분석이 필요한 해설자 역할까지 해내고 있다.

AI 앵커가 등장한 뉴스룸

2020년 국내 종합 편성 채널과 뉴스 전문 채널에서는 저마다 AI 앵커 도입을 널리 알렸다. 기사를 쓰는 AI 기자에 이어 자사 앵커를 AI로 구현해 방송에 투입하는 시도가 이어진 것이다. 기존 텍스트와 음성 영역에 멈춰 있던 데서 기술의 지평을 영상 분야까지 확장한 시도였다. 앵커의 자료를 AI에 꾸준히 학습시켜 실제와 큰 차이가 없는 AI 앵커를 만들어 낸 것이다(최승영, 2021).

이런 시도는 통신사와 IT 기업에서 AI와 관련한 언론 서비스에 주로 사용된 '음성 뉴스'로부터 비롯되었다. 음성을 통해 뉴스를 제공하던 것에서 앵커의 모습을 구현하는 형태로까지 진화한 것인데, AI 앵커 도입 배경에는 여러 고민이 자리 잡고 있다. 기술력 입증과 차별화된 서비스라는 측면도 있지만, 또 하나의 이유라면 AI 앵커 도입을 통한 비용 절감도 무시할 수 없다. 상대적으로 영세한 지역 방송에서는 AI 앵커를 빠르게 도입하고 있다. 이를 통해 근무 인력을 최소화하고 주말과 같은 취약 시간을 AI 앵커가 책임지는 효과를 보기도 한다(윤유경, 2024).

한계도 명확하다. 실시간성이 중요한 뉴스에서 AI 앵커는 긴급 상황에 대한 대처나 당일 취재에서 한계도 보였다. 사람이 하던 일을 AI에게 맡기면서 반발도 뒤따랐다. AI로 업무가 넘어가는 것에 대한 불안부터 결과적으로 큰 효용이 없다는 지적도 제기됐다. 방송통신위원회 역시 이에 대한 정책적인 규제 수단이 없다는 점에서 아직은 상황을 면밀히 지켜볼 뿐이다. AI가 기사를 대신 쓰는 것에 이어 이제는 뉴스 전달까지 충분히 수행할 수 있는 시대가 열린 것이다.

스포츠 현장을 전하는 AI

스포츠 미디어 분야에서 AI의 활용 가치가 두드러진 영역은 바로 해설을 포함한 음성 지원 서비스다. AI 기술을 바탕으로 해설 분야에 혁신적인 활용이 이뤄진다. 음성 인식 기술과 딥러닝을 통해 AI는 해설자 음성 분석과 데이터 활용으로 진가를 보여 줄 수 있다. 나아가 팬들의 취향이나 선호를 반영해 개인화된 해설도 전할 수 있다. 중계방송의 상호 작용성을 높이고, 시청자들이 직접 경기에 참여할 기회를 부여하는 것이다(류대희, 2024).

이런 시도는 미국과 유럽에서 빠르게 늘어나는 추세다. 2023년 6월 폴란드에서 펼쳐진 유럽 육상 선수권 대회에서 AI 해설자는 실시간 인간 해설 사이에 경기 요약을 제공했다. 당시 중계를 담당한 유럽방송연맹(EBU)의 '유로비전 스포츠'는 AI가 해설자를 완전히 대체한 건 아니지만 경기 요약이나 인지도 낮은 경기 및 지루한 부분을 담당했다고 밝혔다. 골프 대회 매스터스 토너먼트(Masters Tournament)와 테니스 대회 윔블던 챔피언십(The Championships, Wimbledon)의 경우, IBM의 생성형 AI 플랫폼 '왓슨 X'를 통해 AI 해설을 제공했다(이강우, 2023).

AI가 실제 해설자들이 연일 이어지는 경기를 모두 중계할 때 느끼게 될 피로감을 덜어 주고 일정 부분 사람의 역할을 대신한 것이다. 물론, 아직은 사람 이름을 제대로 발음하지 못하거나 비영어권 중계에서 부족한 모습을 보이기도 하지만 AI 진화 속도를 고려할 때 해결은 시간문제일 것이다.

국내에도 도입된 AI 해설

코로나19로 스포츠 중계 수요가 급증한 2020년 국내 KBO 리그 NC다이노스의 모기업 엔씨소프트는 야구 중계에 AI 기술을 도입, 경기 흐름을 인식해 적절한 해석을 더한 음성 전달 서비스를 시도했다. 라디오와 마찬가지로 중계방송을 AI로 전달한 것이다. 특히 엔씨소프트가 주목한 대목은 AI를 통해 경기 흐름을 읽어 내고 인식한 점이다. 수치상 유사한 데이터의 중요성을 다르게 인식하고, 흐름과 맥락을 파악해 AI가 각각 상황에 맞는 형태로 전달하는 것에 집중했다. 이런 시도를 통해 엔씨는 개개인에게 맞춤형 중계 서비스까지 가능할 것이라는 확장성을 내다봤다. 수용자 기호에 맞춰 각각 다른 중계가 이뤄지고, 때로는 편파적인 분위기를 만드는 것이다. AI를 통해 개인에게 최적화된 서비스를 제공함으로써 각자 즐거움을 극대화하는 것이다(최호섭, 2021). 이미 상용화를 통해 그 효과를 충분히 입증했고, AI 학습을 통해 진화가 이루어지고 있다.

AI 기술을 직접 활용하는 SK텔레콤은 'SK텔레콤 오픈 2024' 대회에서 골프 중계에 AI 서비스를 적극적으로 활용했다. 그중 눈길을 끌었던 부분이 바로 2023년 대회부터 도입한 AI 해설이다. 해설 위원을 AI로 구현해서 보는 재미를 더하고, 자사 애플리케이션에도 AI 캐스터 기능을 추가해 다양한 정보를 제공했다. 이런 시도는 해를 거듭할수록 완성도를 높이며 사람들 호응을 얻고 있다.

AI 해설의 핵심은 '딥러닝'

영상으로 스포츠 현장을 전하는 연출에 반해 음성 바탕의 캐스터와 해설에는 다른 기능이 요구된다. 스포츠 장면에 대한 상황 정보와 선수 정보부터 과거 지식을 바탕으로 현재 상황에 대한 이해와 추론이 필요한 것이다. 사람이 했던 이 부분을 해내기 위해 AI는 딥러닝을 이용한다.

각각의 행동부터 데이터화를 통해 현상을 충분히 인지한 AI에 영상 속 과거 정보나 상황에 대한 빅데이터를 결합하는 과정이 필요하다. 이런 부분에서 AI는 인간의 영역보다 폭넓은 자료와 빠른 속도를 자랑한다. 이미 중계 화면에 다양한 데이터를 제공하던 AI의 힘을 음성화 과정을 더해 방송으로 구현하는 것이 바로 AI 해설의 핵심이다(최용석 · 김병조, 2018).

AI 해설의 뇌라 할 수 있는 신경망 구조는 딥러닝 알고리즘 시스템을 통해 구축할 수 있게 됐다. AI 스포츠 해설이 실시간으로 가능한 여건 역시 네트워크 머신 러닝을 통해 이뤄진 것이다. 스포츠 종목의 특성인 공격과 수비라는 다른 전략적 패턴을 AI는 스스로 학습하고 데이터를 통해 경기 전력 분석, 과거 경기의 패턴까지 분석해 해설에 활용할 수 있다. 축구 해설을 예로 들자면, 인공지능 신경망은 데이터를 활용해 선수들의 움직임, 패스의 정확도, 볼 점유율, 전술 패턴 등을 분석해 각각의 유의미함을 더해 해설한다. 또한 선수의 특징 및 문제점, 팀의 전술 소화 능력, 전략의 문제점 역시 실시간으로 파악해 해설함으로써 기존 인간의 영역에서 하지 못한 지점까지도 시청자들에게 전달할 수 있다(이동현 · 임재구 2021).

인간 고유 영역의 경계를 무너뜨리고 있는 AI의 발전 속도는 스포츠 미디어 분야에서도 예외가 아니다. 권위와 경험을 바탕에 둔 스포츠 중계 해설자 자리에서, 그라운드에 서 보지 못했던 AI가 점차 그 입지를 넓혀 가고 있다.

참고문헌

류대희(2024). 스포츠 엔터테인먼트 산업에서 AI 기술의 혁신과 법적 과제: 현황과 미래 전망. ≪스포츠엔터테인먼트와 법≫, 27(3), 51-72쪽.

윤유경(2024.5.25). 위기의 지역방송, '비용 절감' AI 앵커의 그늘. ≪미디어 오늘≫.

이강우(2023.7.31). "스포츠 중계도 AI가?"...美와 유럽서 골프 등 스포츠에 AI 해설 도입. ≪뉴시스≫.

이동현·임재구 (2021). 4차 산업혁명 시대 스포츠의 사회철학적 함의, ≪한국스포츠학회지≫, 19:1, 291-301쪽.

최승영(2021.8.24). 뉴스룸 앵커석까지 들어온 AI, 기사 해설 능력까진 아직... ≪한국기자협회보≫.

최용석·김병조(2018.12.19). 딥러닝 기반 인공지능 스포츠 캐스팅. ≪한국정보과학회 학술발표논문집≫, 강원.

최호섭(2021.6.30). AI가 하는 스포츠중계...경기 흐름과 맥락을 읽어낼 수 있을까. ≪AI타임스≫.

08
AI 스포츠 스타디움

AI를 통한 스포츠 미디어 진화는 공간의 확장과 새로움을 불러온다. 프로 스포츠의 응축된 즐거움을 담은 공간으로 자리했던 스타디움의 힘은 새로운 수단을 통해 가치를 높였다. AI 바탕의 증강 현실과 미디어 참여는 스타디움을 새롭게 진화시키고 있다.

진화하는 스타디움

도시 재생의 효율적 수단으로 꼽히는 도시 내 스포츠 스타디움(Sports Stadium), 스포츠 공원(Sports Park)과 같은 스포츠 공간(Sporting Space) 형성은 도시 이미지 개선과 경제적 효과 같은 긍정적인 영향력으로 주목받고 있다. 하지만 스포츠 공간 건립에 따른 비용 및 유휴 공간에 대한 부담도 공존하는 것이 현실이다. 대형 시설 활용성에 대한 고민과 함께 경기장 신축에 있어 스포츠 팀 이전 등의 원인으로 인해 기존 경기장을 활용하는 방안의 필요성이 대두되기도 한다(강준경, 2021).

과거 규모를 최대한 크게 만드는 것에 집중했던 스타디움이라는 공간은 효율성을 높이고 특색을 담아낸 공간으로 바뀌어 가고 있다. 아울러 단순한 스포츠 공간의 의미를 넘어 공공시설로서 기능이 강화되거나, 새로운 용도로 바뀌는 모습도 볼 수 있다. 경기장의 진화는 종목과 나라에 상관없이 다양한 형태로 나타나고 있다. 스페인 바르셀로나에 있는 FC 바르셀로나의 홈구장 캄프 누 스타디움(Camp Nou Stadium)을 누 파크(Nou Parc)라는 공원으로 리모델링하는 계획안이 나오는가 하면, 2018년 평창 동계올림픽에 사용됐던 피겨 및 쇼트트랙 경기장을 복합 문화 스포츠 공간으로 활용하기도 한다.

코로나19 당시에는 체육 시설들이 잇달아 폐쇄되면서 일시적인 역할 변화도 있었다. 종합하면 건축물로서 스포츠 공간의 변화는 공공시설로의 기능 강화부터 도시 재생적 맥락의 변화, 종목의 변화와 용도 변경 같은 다양한 형태로 나타나는 것을 볼 수 있다(강준경, 2021).

진화의 절정, AI와 만난 스타디움

거대한 도시의 공간적 의미의 스타디움은 건축적인 의미와 변신, 아울러 시대적인 가치와 도시 재생의 의미를 넘어 AI와 만나 새로운 변화를 예고하고 있다. 빅데이터와 AI를 활용한 기술 구현을 위해 스포츠 시설 인프라 스마트화가 필수로 진행되고 있다. 다양한 스마트 기기를 통해 경기장 내외 데이터가 실시간으로 수집되고, 이 데이터를 클라우드 기반 데이터 플랫폼에 통합해 관리하는 형태로 스타디움은 진화하고 있다(윤태훈 · 최영환, 2024).

수집한 데이터를 AI 알고리즘을 통해 분석, 활용해 스타디움의 스마트한 관리, 안전 모니터링, 최적의 동선 유도와 같은 것들이 가능해진 것이다. 지난 2022년 카타르 월드컵이 대표적인 사례로 경기장에 수천 개의 센서를 설치해, 전력과 급수 등 각종 설비 데이터와 관중 밀집도, 대기열 등의 정보를 실시간으로 수집한 뒤, AI 기반

군중 관리 시스템을 통해 관중 동선을 최적화하고, 화장실, 매점 인력을 탄력적으로 배치해 관객 편의와 안전을 동시에 확보할 수 있었다. 나아가 데이터 수집을 통한 실시간 교통 모빌리티 분석에 기초해 경기장 내외에서의 관중 이동 패턴과 그 영향을 효과적으로 관리했다(Abidi & Filali, 2023).

가상 현실과 증강 현실 기술을 활용한 스포츠 미디어 분야의 AI 혁신은 경기장에도 함께했다. 미국 프로 농구 NBA의 세크라멘토 킹스(Sacramento Kings)는 홈구장 '골든 1 센터(Golden 1 Center)'에 스마트폰을 바탕에 둔 커넥티드(connected) 기술을 접목해 팬들에게 입장과 동시에 증강 현실 앱을 통해 다양한 서비스를 제공한다. 각종 필요한 정보를 얻을 수 있을 뿐만 아니라 주전부리와 홈팀 굿즈(goods) 등을 좌석으로 배달 주문할 수 있도록 만든 것이다. 아울러 하프타임 중에 실제 경기장에 덧입힐 수 있는 증강 현실 소프트웨어를 이용해 다양한 이벤트 참여까지 유도하기에 이르렀다(이지혜, 2020). 구단에서 이런 상황들을 모두 다시 데이터로 쌓아 AI를 통해 향상된 서비스를 제공하는 흐름을 무한 반복하며 그 가치를 높이고 있다. 스타디움 진화의 두뇌가 AI인 것이다.

국내 프로 리그에서도 상당수 스타디움이 이미 시스

템 진화를 통해 더 이상 식음료 매장이나 기념품 판매장에서 줄 서서 기다리지 않아도 되는 시대를 열었다. 자리까지 원하는 메뉴를 가져다주고, 각자에게 걸맞은 다양한 서비스를 추천하기도 한다. 통신 기업으로 AI와 관련해 여러 프로젝트를 진행하는 프로 야구 KT위즈의 경우, 경기장에서 AI 기술을 활용한 고객 서비스를 선보이고 있다. AI를 통해 수집된 관중 데이터를 분석해 맞춤형 티켓팅과 좌석 추천, 응원 콘텐츠 제공 등 서비스를 운영하는 건 이미 익숙해진 풍경이다(윤태훈 · 최영환, 2024). 스타디움의 진화는 AI를 통해 절정을 향하고 있고, 그 변화 속에서 AI를 통해 스타디움은 스포츠 현장이라는 공간적 의미를 넘어 그 자체로 대표적 콘텐츠이자 핵심적인 AI 진화의 현장으로 의미를 더하고 있다.

AI가 공존하는 스타디움

기술 발전을 통한 스타디움 내 진화는 경기 관람 풍경도 바꾸고 있다. 독일 프로 축구 분데스리가 경기 때 관중이 마치 촬영이라도 하듯 경기장에 스마트폰을 들이대는 모습을 쉽게 볼 수 있다. 스마트폰으로 관람 수준을 드높일 수 있기 때문인데, 화면에 비친 선수를 터치하면 관련 정보들이 줄지어 나타난다. 축구 게임 선수 소개 화면처럼 키와 몸무게 같은 신상 정보부터 속도나 그날 경기 기록까지 다양한 정보가 제공된다(이호진, 2020).

2019년부터 도이치풋볼리그(DFL)가 통신사와 함께 도입한 AI 기반 증강 현실(augmented reality, AR)을 통해 구현된 새로운 풍경이다. 실제 공간에 컴퓨터 모델링을 통해 생성된 가상의 오브젝트를 겹쳐 보이게 하여 상황과 공간에 대한 가상 정보를 제공하는 기술 및 관련 시스템을 말하는 증강 현실이 스포츠 공간까지 진출한 것이다(김선아, 2017). 속도부터 다른 5G 서비스가 가능해진 스마트폰과 스포츠 현장의 여러 수치를 빅데이터로 환산해 엄청난 속도의 연산을 통해 구현한 관람 환경의 변화는 갈수록 진화 속도를 높이고 있다. NBA에서도 마찬가지 흐름이 나타나고 있다. 팬들이 직접 누릴 수 있는 경기장 편의 서비스에 AR 서비스를 더해 경기장 내 각종 정보를 제공하고, 이를 바탕으로 이벤트에 참여하기도 한다(이지혜, 2020). 네트워크 머신러닝과 PC알고리즘을 융합한 기술로 AI 도입을 통해 경기장과 새로운 가상 공간을 결합한 것이다. 스마트폰으로 스타디움이 들어오고, 스타디움에 스마트폰이 녹아든 환경이 익숙한 시대, AI가 그 흐름을 생성해 주도하고 있다.

스타디움, 이제는 가상의 공간으로

과거 스포츠가 스타디움을 기반으로 실제 현장에서 이뤄지는 것이었다면, AI의 발전은 스포츠 활동 범위의 엄청난 확장을 만들어 냈다. 지금까지 경험하지 못한 스포츠의 형태가 기술 발전과 융합으로 나타나기 시작한 것이다. 바로 다양한 정보 기술(IT), 나노 기술(NT), 생명공학 기술(BT) 등을 활용해 우리가 보고 있고 처해 있는 물리 공간을 디지털화, 전자화한 가상 현실(Virtual Reality, VR)을 통해 이뤄 낸 것이다(유은경, 2007). 현실에서의 특정 환경이나 상황을 담아 컴퓨터 모델링을 통해 가상의 시나리오를 구축하고 이러한 가상 환경 속에서 사용자가 상호 작용하도록 돕는 시스템 및 관련 기술이 바로 가상 현실이다(김선아, 2017). 가상 현실이라는 개념이 물리적인 공간인 스타디움을 소비하고 싶은 개인을 그곳으로 옮겨다 줄 수 있도록 만든 결정적 기술 개발의 산물로, AI 확산으로 가능해진 대표적 스타디움의 공간 확장이라 할 것이다.

이런 흐름은 코로나19 확산이 불러온 스포츠 오프라인 이벤트의 전면 중단과 함께 급격한 변화, 발전을 이뤘다. 코로나19 초창기 아예 중단되기 일쑤였던 각종 리그는 다시 시작된 뒤에도 상당 기간 무관중 경기나 소수의 제한된 관중이 입장하는 형태로 이뤄졌다. 가상 현실과 증강 현실을 결합한 중계 기술은 그 아쉬움을 달래 줄 결정적 기술로 자리했다. 스포츠 중계의 틀이 한 단계 더 진화된 형태로 자리하면서 사람들의 관람 욕구를 해소하고, 제한된 경기 운영의 한계를 극복하기 시작한 것이다(이지혜, 2020). 이런 변화는 코로나19 이후에도 스타디움을 찾기 어려웠던 팬들에게 새로운 시도이자 다양한 가치로 주목받으며 진화하고 있고, 시청자를 사로잡을 새로운 수단으로 주목받고 있다. 특히 경기장 방문 자체에 큰 가치를 부여했던 기존 스포츠 팬보다 가상 현실과 증강 현실 기반의 스포츠 중계에 거부감이 없는 Z세대의 활용도가 급격히 높아질 것이라는 예측이 지배적이다.

참고문헌

강준경(2021). 스포츠 경기장의 활성화를 위한 역할 및 기능 변화에 관한 연구. ≪한국공간디자인학회 논문집≫, 16(5), 295-308쪽.

김선아(2017). 가상·증강 현실 기술개발 동향 및 시장 전망. ≪주간기술동향≫, 14-22쪽.

유은경(2007). U-Space에서 증강 현실을 기반으로 하는 3D 디자인 시뮬레이션 연구. 미간행 박사학위논문. 한양대학교 대학원

윤태훈, 최영환(2024). 빅데이터와 AI 기술을 활용한 경기장의 고객 맞춤형 서비스 전략. ≪한국스포츠학회지≫, 22(2), 511-520쪽.

이지혜(2020). 인공지능 기반의 스포츠 중계 기술 혁신.

한국방송통신전파진흥원.
이호진(2020.3.11). 인공지능(AI)이 바꿔 놓은 축구 관람 풍경. ≪AI타임스≫.
Abidi, J., & Filali, F.(2023). *Mobility Analytics of Fans during the 2021 FIFA Arab Cup TM Football Tournament in Qatar.* IEEE Open Journal of Intelligent Transportation Systems.

09
AI 스포츠 미디어의 직접 경험

스포츠 미디어는 과거부터 공간의 한계를 극복한 즐거움을 스포츠 팬에게 안겨 줬다. 이제 AI 시대 스포츠의 향유는 사람들의 쌍방향 참여를 가능케 하고 스포츠를 즐기는 고유한 영역의 가치를 AI라는 수단을 통해 창출하는 방향으로 진화하고 있다.

스포츠 미디어, 참여를 이끌다

스포츠에서 실시간으로 펼쳐지는 상황을 미디어를 통해 접하는 것과 현장에서 직접 즐기는 것 사이에는 차이가 분명 존재한다. 개인적으로 묵묵히 경기를 관전하는 경우도 있지만, 때로는 관중과 더불어 이런저런 의견을 나누고 응원을 보내거나 아쉬움을 공유하는 데서 스포츠 관람의 재미를 찾기도 한다. 이는 과거 스포츠 소비의 일반적 유형이었다. 하지만 이런 스포츠 수용 형태는 최근 급격히 변화했다. 소셜 미디어 서비스인 엑스(구 트위터)가 미국 최고의 스포츠 이벤트인 슈퍼볼이 펼쳐지는 시간 동안 북중미에서 엄청난 사용자 급증을 보이는 것(임원기, 2010)에서 스포츠 수용 형태 변화 사례를 확인할 수 있다.

실시간으로 펼쳐지는 경기를 지지자들과 공유하고, 이를 통해 스포츠 미디어 소비의 재미를 더할 수 있다는 점은 스포츠 산업의 발전으로 이어진다. 해가 갈수록 인기를 더하고 있는 국내 프로 야구 KBO 리그의 경우, 야구장이 이른바 'SNS 맛집'으로 자리하면서 20~30대 여성 비중이 유의미하게 증가했다. 2024년 KBO 발표에 따르면 올스타전 기준으로 20대 여성이 관객의 39.6%로 가장 높은 비중을 차지했고, 뒤이어 30대 여성이 19.1%를 차지해 20~30대 여성 관중이 전체 절반을 넘겼다.

이는 1년 전 올스타전과 비교해도 10%가량 증가한 수치다(김동영, 2024). 실시간으로 같은 콘텐츠를 공유할 수 있는 소통의 창, SNS는 스포츠 미디어의 새로운 변화로서 쌍방향 소통을 가능하게 해 줬다. 그리고 이 쌍방향성이라는 매력에 스포츠 미디어를 통한 새로운 빅데이터가 더해져 AI를 활용한 스포츠는 다시 진화를 거듭한다.

나를 아는 AI 스포츠 미디어

어떤 경기를 소비하며, 어떤 반응을 보이는지에 대한 활동이 가장 잘 나타나는 SNS는 각 구단과 스포츠 미디어 서비스에 있어 팬층을 정확히 분석할 수 있는 자료로서 가치가 크다. 지난 2020년 미국 NBA는 머신러닝과 AI 기술을 복합적으로 활용해 이용자 선호도에 맞춘 중계를 제공하기 시작했다. 마이크로소프트(MS)가 NBA와 함께한 이 서비스는 언제든 취향에 맞는 경기를 골라 볼 수 있게 하고 필요한 통계 수치를 제공하거나 원하는 하이라이트 클립이 자동으로 공급되도록 한다(김재호, 2020). 방대한 데이터를 바탕으로 AI가 소비자 기호와 요구에 따라 맞춤형 서비스를 제공하는 것이다.

이런 흐름은 국내 프로 야구 NC다이노스에서도 시도됐다. AI가 축적한 지식을 활용해 소비자에 따라 각기 다른 기사와 하이라이트를 선별적으로 제공하고, 참여형 콘텐츠로 다시 데이터를 쌓는 방식이다. 구단은 팬과의 소통을 통해 마케팅 데이터의 확장을 노리는 것과 동시에 AI가 지닌 힘을 바탕으로 최적의 서비스를 제공해 차별화를 꾀하고 있다. 스포츠의 진화를 위해서는 SNS로 형성되는 사용자 반응을 활용해 마케팅 전략을 수립하고, 구단 운영 방향을 잡는 노력이 필요하다는 지적이다(Watanabe et al. 2021). 다양한 디지털 플랫폼에서 스포츠를 여러 차원으로 소비한 이용자를 상호 작용하는 데이터로 활용해 스포츠는 진화를 이뤄 갈 수 있다.

AI 기반 체험형 스포츠

AI를 이용한 스포츠의 진화는 구단과 스포츠 리그의 발전을 넘어 스포츠를 직접 즐기고 소비하는 데까지 지형을 확대했다. 과거 스포츠 미디어의 기술력을 바탕에 둔 영상 기반 스포츠 미디어에서 AI는 다양한 스포츠 이용자가 다채로운 서비스를 즐길 수 있도록 만들었다. 이미 익숙하게 사용되는 스포츠 코칭 서비스가 대표적이다. 골프나 테니스 같은 종목에서 AI는 개인의 동작을 촬영한 뒤 유명 선수의 자세와 비교해 문제점을 찾아 준다. 정적인 자세를 촬영할 수 있는 골프가 대표적이다. 과거

프로 선수에게 제공됐던 전문 분석 소프트웨어가 일반 이용자에게도 세세한 동작 분석을 제공한다. 아울러 다양한 미스 샷의 원인을 세밀하게 짚어 주고, 이를 다시 SNS에 공유할 수 있도록 하는 기능까지 제공한다. AI를 활용한 코칭 시스템은 테니스에서도 익숙하다. 스탠퍼드대학 연구진은 AI를 이용해 실제 테니스 선수의 움직임에 기반한 비디오 게임 '비드2플레이어'를 개발해 세계적인 선수와 함께 테니스를 즐기는 기분을 선사한다. 캐릭터는 물론 게임 배경까지도 가상 현실(VR) 콘텐츠로 경기장을 실제처럼 구현한 것이다(김동원, 2021).

AI를 바탕으로 한 이런 서비스는 개인적인 운동 영역에도 다채롭게 함께한다. 통신사의 스마트홈 서비스를 통해 TV에서 트레이닝 장면을 보며 따라 하고, 카메라에 찍힌 사용자의 운동 자세를 AI가 분석해 솔루션을 제공한다. 웨어러블 기기를 활용해 소모 칼로리와 동작의 정확도를 분석해 제공한다. 홈트레이닝 영역에 스포츠 미디어 기술을 접목한 AI 서비스가 함께하는 것이다.

AI미디어가 만드는 스포츠 문화

AI를 이용한 스포츠 체험의 기술 변화는 코로나19 팬데믹 이후 우리 사회에 빠른 속도로 자리한 비대면 문화와 원격 커뮤니케이션 등을 통해 극대화된 상황이다. 과거 사람들과 접촉을 통해 이뤄지던 많은 것들이 기술 기반 서비스로 대체되기 시작했고, 이런 변화는 광범위하게 자리했다. 원격으로 이뤄지는 근무와 비대면 학습, 디지털 상거래와 SNS가 이미 일반화된 상태에서 텔레프레전스(telepresence)는 선택이 아닌 필수가 되었다. 대표적인 서비스 중 하나인 줌(Zoom)을 통한 소통은 새로운 형태의 예술적인 실천과 교육 방식 나아가 사회를 조직하는 새로운 방식을 낳았다(Nunes & Ozog, 2021).

이런 변화는 스포츠 현장에도 다양한 효과를 줬고, 관람형 스포츠를 넘어 직접 체험하는 체육 관련 활동에도 유사한 변화를 불러왔다. 코로나19의 직접 여파로 문을 닫은 체육관과 피트니스 센터를 대신해 디지털 피트니스 사업이 급격히 성장하기 시작했고, 이런 변화의 바탕에 AI 기반 기술이 함께했다. 스마트 워치를 떠올리기 쉬운 웨어러블 디바이스는 AI 코치의 첨병 역할을 수행하며 건강을 위한 노력에 도움을 주고, 건강 기반의 생산적 활동을 위한 조언과 피드백도 해 준다. 거기에 카메라를 통해 우리의 인간관계 및 상호 작용을 관찰해 삶에 개입하고 영향을 미치게 된 것이다(Rose, 2021). 비대면이 익숙한 세대를 중심으로 이런 변화가 차라리 더 익숙하고 안정감을 준다는 인식도 주변에서 쉽게 볼 수 있다.

과거 스포츠 미디어를 통해 제공되던 영상과 자료의 한계를 AI를 통해 확장하고, 이용자 현실에 적용해 그 가치를 극대화한 사례로 엄청난 발전을 이어 가고 있다. 중계방송이 이뤄지던 스포츠 미디어 영역의 종목을 넘어 디지털 피트니스에서도 그 가치를 분명히 입증하고 있다. 그리고 이런 디지털 피트니스는 영상 바탕의 3D 기술과 피드백으로 그 효율성을 높이고, 게임화를 통해 사용자 동기 부여 면에서 긍정적인 효과를 보고 있다. 증강현실 기술 역시 사용자들에게 긍정적 효과를 주는 것은 물론 관련 분야 발전을 이끌고 있다(최영환, 2024).

기술 발전을 통해 새롭게 스포츠 현장에 자리한 AI 트레이너는 사용자들과 연결을 시도하며 스스로 진화를 거듭하고 있다. 아직은 인간 트레이너만이 지닌 가치라 할 사교적 대응과 경험 공유, 도움과 조언 측면에서는 부족함도 존재한다. 하지만 촬영된 자세와 측정된 수치를 바탕으로 한 데이터 관리와 꾸준한 계획성 부여 등에서 AI가 더 강점을 보인다. 각각의 자리에서 다른 역할과 가치를 지니기 시작한 것이다.

AI의 진화와 함께 미디어에 기반한 스포츠 관람부터 오랜 기간 건강 영역에서 인간의 역할이 크게 자리한 스포츠 체험 문화까지 모든 부문에서 변화가 이미 상당히 이루어졌다. 변화의 흐름 속에 과거 스포츠 미디어의 발전을 바탕으로 한 AI의 역할은 갈수록 커져만 간다. 그리고 어느덧 이런 변화는 승리가 절대 과제인 스포츠 프로구단의 영역을 넘어 일상 스포츠 현장에도 자리 잡고 있다. 스포츠 속 AI의 활약은 그 엄청난 속도를 바탕으로 새로운 문화를 만들고 있다.

참고문헌

김동영(2024. 7.18). '20~30대 여성 팬의 힘' KBO 올스타전, 예매 비중 58.7% '압도'…숫자로 증명됐다. ≪스포츠서울≫.

김동원(2021.6.30). "스포츠 보기만 하니? 난 AI로 직접 한다". ≪AI타임스≫.

임원기(2010.3.9). 트위터에 뜨면 클릭수도 수직상승…SNS가 뉴스 이용 습관 바꾼다. ≪한국경제≫.

김재호(2020.4.17). MS, NBA와 AI 기반 게임 스트리밍 서비스 추진. ≪AI타임스≫.

최영환(2024). 디지털 피트니스 기술의 발전과 사회문화적 대응 : 인터랙티브 트레이닝을 중심으로. ≪한국스포츠학회지≫, 22(2), 39-48쪽.

Nunes, M., & Ozog, C.(2021). *Your (Internet) connection is unstable*. M/C Journal, 24(3).

Rose, D.(2021). *Supersight: What augmented reality means for our lives, our work, and the way we imagine the future*. Dallas, Texas: BenBella Books.

Watanabe, N. M., Shapiro, S., & Drayer, J.(2021). *Big data and analytics in sport management.* Journal of Sport Management, 35(3), pp.197–202.

10
AI 스포츠 미디어의 경쟁 상대

AI를 활용한 여러 분야의 진화 가운데 미디어 관련 사업도 급변하고 있다. 스포츠에서도 AI를 활용한 미디어 변화가 전방위적이다. 더 이상 팀 간, 종목 간 경쟁이 아닌 다른 콘텐츠, 장르와의 경쟁의 장이 열린 것이다.

스포츠 콘텐츠의 경쟁은 현재 진행형

스포츠라는 분야는 마케팅 관점에서 매우 복잡한 특성을 보인다. 시장에 재화나 서비스를 판매하는 다른 분야와 달리 스포츠는 매우 유동적인 상품을 복잡한 과정을 통해 판매해야 하는 콘텐츠다. 미디어를 통해 새롭게 전달해야 하는 영역이 크게 자리하고, 중계권료나 스폰서십, 기업 광고 유치 등 다양한 경제 행위가 교차하는 산업 분야인 것이다(이동철, 2001). 일반적 마케팅 분야와 구별되는 고유한 특징을 바탕으로 스포츠는 이미 여러 경쟁을 이어 가야 하는 처지에 있었다.

경기장을 찾아 직접 관전하는 행위보다 상업적 특성이 좀 더 고려된 '경기 간접 관람'에서는 그래서 더 복잡하고 쉽지 않은 경쟁 양상이 펼쳐지고 있다. 스포츠 미디어의 핵심이기도 한 매체를 통한 경기 관람 행위는 지난 2020년대 조사에서 국내 평일 여가 활동 중 3위, 주말 여가 활동으로는 4위에 자리한다. 참고로 스포츠 간접 관람보다 앞선 순위에는 TV 시청이나 스마트폰 이용, 친구와의 만남 등이 있다(문화체육관광부, 2020). 다양한 부가가치를 지닌 스포츠 콘텐츠는 이미 극심한 경쟁을 겪고 있었다.

콘텐츠가 그리 많지 않던 시절부터 스포츠가 지닌 확장성과 한계는 크게 다르지 않은 형태로 상호 작용을 해

왔다. 스포츠의 가장 큰 매력인 결과의 불확실성이 주는 예측 불가함은 때로는 콘텐츠의 결함으로 기능하기도 한다. 공간적 한계를 뛰어넘는 스포츠 미디어의 재미는 스포츠 현장과의 경쟁에서 자유롭기 어렵다. 자체가 지닌 여러 한계로 인해 스포츠는 경쟁을 이어왔고, 경쟁은 여전히 현재 진행형이다.

변화를 이어 온 스포츠 미디어

방송 산업의 발전과 함께 기존 미디어의 기술 발전을 이끈 스포츠 미디어는 엄청난 확장성과 상승세로 스포츠 산업의 발전을 다시 불러왔다. 미디어와의 관계를 통해 대중과 접점을 넓힌 스포츠는 중계권료로 대표되는 대규모 계약을 이어 가며 재정 건전성과 수익성을 눈에 띄게 늘려 갔다(박성희, 2017). 그 결과 국제 대회를 비롯해 국내외 여러 프로 리그까지 급격한 자본 발전을 이어 올 수 있었다.

방송에서도 콘텐츠로서 가치를 넘어 방송 기술 발전 면에서 스포츠 콘텐츠의 중요성이 커져 갔다. 미디어 변화의 흐름을 따라가는 측면에서도 역시 스포츠를 바탕으로 많은 변화가 이뤄졌고, 스포츠 미디어를 통해 뉴미디어 기술이 가장 빨리, 적극적으로 수용될 수 있었다.

스포츠와 미디어의 공생은 오랜 기간 이어졌고, 상호 이익도 증가했다. 그 흐름은 뉴미디어 도입으로 조금씩 변화를 보였고, 소비자의 개입과 영향력 증대를 통해 과거와는 다른 시장 흐름에 이어졌다(Park, 2007). SNS로 대표되는 변화와 함께 어느덧 스포츠 미디어 분야서 소비자의 힘은 과거와 비교할 수 없는 지경에 이르렀다. 점차 과거 미디어의 자리를 새로운 미디어들이 차지하는 상황에 이르게 된 것이다.

소통 과정부터 미디어 수용자와 공급자의 혼재, 더불어 기술의 발전은 스포츠 미디어 시청 형태에도 영향을 끼쳤다. 스포츠 수용의 질을 확대하고 발전시키는 부분에서 많은 변화가 이어졌고, AI는 그 정점에서 지금까지도 새로운 모습을 보여 준다. 단순한 시각적 발전을 넘어 웨어러블 기기와 AI의 데이터 처리 등을 통해 미디어의 발전과 변화를 촉진한다(박성희, 2017). 미디어의 발전만큼 스포츠 미디어의 변화도 거침없이 이어졌고, AI도 그 흐름에 일조한 것이다.

스포츠 미디어의 경쟁 상대

스포츠라는 장르는 여가의 대표적 수단으로 수용자의 선택이 절대적이다. 반드시 알아야 할 필수 정보를 다루는 뉴스나 완벽하게 자발적인 선택을 통해 접하는 영화나 게임과도 다른 특성을 보인다. 이런 스포츠 미디어의 특성은 미디어 환경 변화와 AI의 등장, 다매체 사회에서 더 큰 변화를 겪고 있다. 좁게는 구단 간, 종목 간 경쟁부터 해외 리그나 대형 스포츠 이벤트와의 경쟁을 시작으로 스포츠 미디어는 다른 미디어 콘텐츠하고도 경쟁을 치르고 있다. 영화나 게임 등과도 소비자의 한정된 시간을 차지하기 위해 경쟁해야만 하는 것이다. 궁극적으로는 인간의 여가 활동 면에서 다양한 선택지 중 하나로 스포츠 미디어가 자리하고 있다.

미디어 시장에서 수용자의 제한된 이용 시간을 놓고 벌어지는 경쟁은 기존 TV와 라디오 매체를 시작으로 인터넷과 스마트폰으로 이어진 기술 발전 과정에도 계속된 과제라 할 수 있다. 특히 디지털 기술의 발전과 AI의 도입은 미디어 콘텐츠 구성 요소의 통합을 이끌었고, 기술의 다기능화를 통한 서비스 영역 확대로 이어진다. 이를 통해 다양한 콘텐츠와 미디어 전달 수단 사이의 경쟁은 더욱 확대되었다. 그리고 이런 변화 속에서 스포츠 콘텐츠는 다양한 미디어를 통해 동시에 접할 가능성을 확대하는 경향을 보였다(손승혜, 2005). 하지만 이런 경향 속에 유의미한 차이는 나타나지 않았고, 스포츠의 경우 시간 소요가 크다는 점에서 장점과 단점이 뚜렷한 처지다.

절대적으로 누군가의 선택이 중요한 스포츠 미디어는 새로운 시각 효과나 다양한 데이터 같은 AI의 도움을 요구할 수밖에 없는 처지에 놓여 있다. 볼거리가 많지 않았던 시기에는 스포츠 중계 자체로도 충분히 흥미진진한 콘텐츠였다면, 아무 때나 무엇이든 볼 수 있는 스마트폰 시대, 다양한 매체가 공존하는 현실에서 긴 시간을 들여 짧은 순간 희열을 얻는 스포츠 중계는 분명 구닥다리 콘텐츠라고 해도 될 수준이다(박종훈, 2019). 이런 경쟁은 스포츠 미디어를 포함해 기존 미디어 콘텐츠 모두가 극복해야 할 과제다. 기술의 발전이 콘텐츠 변화도 불러왔지만 경쟁도 심화시킨 것이다.

스포츠 미디어 새로운 시험 무대, OTT

미디어 시장 변화는 OTT 도입과 함께 빠른 속도로 진행되었다. 과거와 다른 규모의 데이터베이스, 접속의 용이함, 선택 고민을 해소하는 AI의 시청자 패턴 분석까지 이제는 그 어떤 미디어 수용 수단보다 OTT를 먼저 떠올리는 시대에 살고 있다. 이런 미디어 수용 변화에서 방송산업의 발전과 기존 미디어의 기술 발전을 이끈 스포츠 미디어 역시 예외일 수 없다. 코로나19 이후 늘어난 스포츠 미디어 수용 요구에 OTT 시장 수요가 더해진 상황에서 TV와 비교했을 때 시공간 제약 없이 시청할 수 있고, 하나의 플랫폼으로 다양한 종목을 접할 수 있는 OTT 구독 스포츠 팬은 해마다 빠르게 늘고 있다(황동규 · 정지영 · 김도규, 2024).

스포츠를 통한 미디어 변화라는 측면에서 보면, 단연 OTT를 통한 중계방송 수용 과정이 AI시대의 대표적인 흐름이라 할 수 있다. 스마트폰과 빅데이터로 정리할 수 있는 OTT의 수용은 스포츠 시장에도 빠른 변화를 불러왔다. 스포츠 콘텐츠 유료화가 정착된 유럽이나 미국에 비해, 우리나라는 스포츠가 유료 콘텐츠로 자리 잡는 데 걸림돌이 많았다. 프로 스포츠조차 공중파를 통해 중계방송되는 우리의 스포츠 미디어 환경은 유료 시장으로 전환까지 상당한 시간을 요구할 것처럼 보였다.

변화의 시작은 지난 2022년 이후 국내 OTT 서비스 쿠팡플레이가 K리그(한국프로축구)를 시작으로 분데스리가(독일프로축구)와 과거 K리그 올스타전 격인 '쿠팡플레이 시리즈(팀 K리그 vs 토트넘)'를 독점 중계하면서부터였다. 쿠팡의 성공 이후 또 다른 국내 OTT 티빙의 KBO 리그 중계권 계약이 이어졌고, 이는 티빙이 글로벌 1위 OTT 넷플릭스와의 격차를 좁히는 성공 요인이 되었다(성유진, 2024).

OTT를 통한 스포츠 미디어 소비의 흐름은 해외에서도 비슷하게 펼쳐진다. 애플TV플러스는 MLS(미국프로축구) 전용 가입자만 200만 명을 넘긴 것으로 추정되는 상황이고, 파라마운트와 NBC유니버설의 OTT 서비스 역시 유료 가입자를 유치하는 수단으로 NFL(미식축구)을 이용했다. 중계방송 서비스와 함께 이들은 다양한 콘텐츠와 OTT 특유의 온라인 기반 서비스를 제공하기 시작했다. 구독료는 OTT 서비스의 특성 중 하나로서 제품이나 기술 채택 같은 잠재적인 사용자 행위에 민감한 영향을 미칠 수 있는 중요한 변수다(이승지 · 서승범 · 이나영 · 김성필, 2021). 유료라는 특성은 고도로 자본화된 서비스를 제공하고, 이를 위해 시청자 패턴을 분석하고, 최적의 서비스를 추천하는 형태로 이어진다. 이런 변화는 스포츠 미디어에 AI가 함께하는 하나의 흐름으로 자리하며, 이제는 스포츠가 시청자는 물론 AI가 읽는 소비 분석 행태에 대한 최적을 답을 위해 고민해야 하는 지경으로 이끌었다. 적극적인 선택과 자발성을 바탕에 둔 스포츠 미디어 수용이 점진적인 기술 발전과 AI를 통해 고도화된 기술 선택으로 변화하고 있다.

스포츠와 게임 그리고 AI

스포츠라는 장르가 지닌 대표적 속성이 바로 게임성이라 할 수 있다. 그런 이유에서 스포츠 게임은 콘솔 게임 이용자들에게 아주 인기 높은 장르이며, 본인이 즐기는 스포츠 게임을 통해 팀 동일시를 이루기도 한다. 본인이 좋아하는 팀플레이를 제어하는 것과 동시에 이런 성향을 통해 경기장을 더 찾고, 팀 관련 제품을 구매하는 결과로 이어지기도 한다(김영준 · 김영배 · 김태희, 2021). 스포츠와 게임은 분리되기 어려우며, 스포츠 미디어의 특성을 잘 반영해 만들어진 콘텐츠가 바로 스포츠 게임이라 할 수 있다. 이런 속성은 AI를 기반으로 한 가상 현실과 같은 게임으로 진화했으며, 최근에는 실제 선수들의 성적과 기록을 근거로 한 판타지 게임 형태로도 인기를 끌고 있다(김용은, 2016). 스포츠 미디어의 형태를 기본으로 한 스포츠 게임 장르에 AI가 날개를 달아 준 것이다.

스포츠 미디어와 AI를 통해 게임 장르의 발전도 가능하지만, 다른 한편 게임이라는 하나의 콘텐츠가 스포츠 미디어의 경쟁 상대로 부상하는 경향도 보인다. 세계 스포츠 산업의 최대 관심사인 젊은 층을 사로잡는 데 있어 게임은 최대 경쟁 상대다. 세 시간이 넘는 야구 중계나 경기 내내 한두 골도 못 보는 경우가 생기는 축구에 비해 짧은 시간에 결과를 확인할 수 있고, 확실한 시각적 효과와 세세한 과정까지 볼 수 있는 e스포츠 영역에 젊은 층의 관심이 쏠릴 수밖에 없다. 이런 특징은 스포츠 미디어 영역에서도 화면 구성과 연출에 e스포츠의 요소를 끝없이 추가하게 만들었다. 현실 공간에 가상 그래픽 자료를 추가하고, 다채로운 상황 구현을 통해 마치 스포츠 중계 화면을 게임처럼 구성하는 것이다. 이런 변화는 AI 기술 발전으로 가능해졌고, 이젠 대부분 스포츠 미디어에서 기본적으로 보여 줘야 할 부분으로 성장했다. 스포츠 미디어 내부의 경쟁과 외부의 경쟁이 AI를 통해 진화를 이뤄 낸 것이다.

AI와 인간의 대결을 담는 스포츠 미디어

인간과 AI의 대결로 펼쳐졌던 바둑이나 체스에서 인간과 AI 대결 사례는 이미 익숙하게 접할 수 있었지만, AI의 발전은 궁극적으로 육체적인 요소를 우선으로 한 스포츠 영역까지 확대될 가능성을 충분히 가지고 있다. 골프에서 로봇이 다섯 번 시도 만에 홀인원에 성공하는가 하면, 일본에서 만든 골키퍼 로봇은 아르헨티나 국가대표였던 메시의 슛도 막아 낸다. 탁구의 경우, 지난 2014년부터 AI 기반 탁구 로봇이 등장했다. 탁구 라켓과 공의 타점을 계산하며 스스로 진화되도록 설계되어 있다. 이를 응용해 선수들은 라이벌 선수, 경기에서 이겨야 할 선수의 탁구 패턴 데이터를 입력해 훈련에 활용한다(이동현 · 임재구, 2021). 빅데이터를 활용해 구축된 데이터를 엄청난 속도의 연산으로 적용해 움직임으로 구현할 수 있는 시대가 이미 펼쳐지고 있다.

AI와 인간의 대결이 신체 능력 영역을 넘어 전술적인 영역에 이르는 건 이미 가능해졌다. 다양한 스포츠 게임에서 AI를 바탕으로 유명 감독들의 전술과 전략을 스타일화해 구현한다. 순간적인 작전이나 선택이 이어지는 야구에서도 전술에 따른 득점 사례를 조금만 응용한다면 인간 감독과 AI 감독의 대결도 가능하다. 스포츠 미디어가 인간과 인간이 기본이었던 스포츠 중계를 인간과 AI의 대결 순간까지 전할 수 있는 시대에 이른 것이다.

직접 대결과 더불어 AI를 바탕으로 한 증강 현실(AR) 기술은 스포츠 미디어 콘텐츠에 앞으로 벌어질 상황을 예측해 보여 주는 형태로도 구현이 가능할 것이다. 투수의 투구와 타격 예측, 축구에서 세트피스 상황에 대한 선수 데이터 기반 예측 등이 플레이보다 앞서 구현된다면 시청자들의 재미는 극대화될 수 있다. 하지만 선수들은 그 모든 플레이에서 AI가 정한 기준점에 얼마나 부합했느냐로 평가받는 처지에 놓일지도 모른다. 이런 상황에서 AI에 대한 사람들 신뢰가 더 깊어지고, 인간의 플레이가 이에 미치지 못할 경우 비난을 넘어 선수 행위의 의도가 무엇인지에 대한 의심으로 이어질 수도 있다(박종훈, 2019).

인간 고유의 영역처럼 여겨졌던 스포츠는 미디어의 발전을 통해 그 장르의 가치를 극대화됐고, 보편적인 여가이자 삶을 풍요롭게 하는 하나의 요소로 자리했다. 미디어 역시 스포츠를 통해 기술적인 발전을 거듭했고, 상업적인 성공도 맛봤다. 스포츠 미디어의 발전이 이어지는 상황에서 AI의 도입은 인류 변화와 마찬가지로 스포츠와 미디어 영역 모두에 새로운 변화를 불러왔다. 그 변화의 끝에 인간과 AI의 대결이 스포츠 미디어를 통해 전해지며, 그 전해지는 방식에도 이미 AI가 역할을 하고 있음을 보여 주고 있다. 발전 속도는 예상하기 어렵고 앞으로 새롭게 펼쳐질 상황에 대한 예측은 불가능하지만 분명한 것은 AI 시대 새로운 것들이 끝없이 함께하리라는 것이다. 스포츠 미디어도 마찬가지다.

참고문헌

김영준·김영배·김태희(2021). 스포츠 콘솔 게임 이용자의 팀 동일시와 스포츠 종목 관여도가 게임 몰입과 지속 이용 의도에 미치는 영향. ≪한국체육학회지≫, 60(2), 85-98쪽.
김용은(2016). 스포츠 미디어 환경 변화에 대한 구조적 접근. ≪한국스포츠사회학회지≫, 29(4), 25-50쪽.
박성희(2017). 스포츠 콘텐츠 유통의 새로운 패러다임: 스포츠의 뉴미디어화. ≪유통과학연구≫, 15(10), 93-103쪽.
박종훈(2019). KOSPO Family, 계간지 ≪KOSPO≫(11-12),
문화체육관광부(2020). 2020 국민여가 활동 조사.
성유진(2024.8.22). 스포츠 앞세운 티빙·쿠팡플레이, 넷플릭스 바짝 추격. ≪조선일보≫.
손승혜(2005). 미디어 이용량, 연령, 성별에 따른 디지털 미디어 간 경쟁 및 대체 관계 연구. ≪사이버커뮤니케이션학보≫, (16), 273-308쪽.
이동철(2001, 9). 스포츠마케팅의 전략적 활용. ≪마케팅≫, 35(9), 57-60쪽.
이동현·임재구 4차 산업혁명 시대 스포츠의 사회철학적 함의. ≪한국스포츠학회지≫, 19:1, 291-301쪽.
이승지·서승범·이나영·김성필(2021). OTT 요금제에 따른 콘텐츠 몰입도 연구. ≪한국통신학회 논문지≫, 46(3), 572-582쪽.
황동규·정지영·김도균(2023). OTT 플랫폼 스포츠 콘텐츠 이용자의 지속 이용 의도에 미치는 요인 연구. ≪한국체육학회지≫, 62(6)
Park, S, H.(2007). *Sport Media: Friend or Foe?.* Sport cience, 102, pp.87-101.

석원

대구문화방송 보도국 편집제작부 소속 기자이자, 스포츠 PD로 2004년부터 근무 중이다. 한국외국어대학교에서 인도어와 신문방송학을 전공했고, 2020년 영남대학교 스포츠과학대학원에서 "신규스포츠 공간, DGB대구은행파크가 주변에 끼치는 영향"이라는 논문으로 석사 학위를 받았다. 2004년 지역 MBC 최초로 스포츠 기자·PD 공채를 통해 대구MBC에 입사했다. 프로 야구와 프로 축구부터 다양한 아마추어 스포츠까지 여러 종목을 취재하고 제작하고 있다. 지역방송 최초 마라톤 생중계인 경주 국제마라톤 중계와 2014인천아시안게임에서 우리 국가대표 경기를 포함해 축구 국제 신호 제작 등을 담당했다. 세계 최초로 드론 중계방송 제작하여 2015 휴스턴국제영화제 스포츠 부문 금상을 받았다. 스포츠 관련 특집 다큐멘터리를 수십 편 제작했으며, 스포츠 공간은 물론 생활 속 공간과 스포츠의 영역이 함께 공유되는 부분에 대한 프로그램을 만들고 연구도 진행할 예정이다. 저서로는 『스타디움미디어』(2021), 『달리다 보면』(2022) 등이 있다.